CORPO E INDIVIDUAÇÃO

Dados Internacionais de Catalogação na Publicação (CIP)
(Câmara Brasileira do Livro, SP, Brasil)

Corpo e individuação / Elisabeth Zimmermann
(organizadora). 2. ed. – Petrópolis, RJ : Vozes, 2011.
(Coleção Reflexões Junguianas)
Vários autores

7ª reimpressão, 2025.

ISBN 978-85-326-3850-2
1. Corpo e mente 2. Individuação 3. Jung, Carl
Gustav, 1875-1961 4. Psicologia I. Zimmermann, Elisabeth II. Série.

09-02671   CDD-150.1954

Índices para catálogo sistemático:
1. Individuação e corpo : Processo : Psicologia
   analítica junguiana   150.1954
2. Psicologia analítica : Junguiana
   150.1954

Elisabeth Zimmermann (org.)

CORPO E INDIVIDUAÇÃO

EDITORA
VOZES

Petrópolis

© 2009, Editora Vozes Ltda.
Rua Frei Luís, 100
25689-900 Petrópolis, RJ
www.vozes.com.br
Brasil

Todos os direitos reservados. Nenhuma parte desta obra poderá ser reproduzida ou transmitida por qualquer forma e/ou quaisquer meios (eletrônico ou mecânico, incluindo fotocópia e gravação) ou arquivada em qualquer sistema ou banco de dados sem permissão escrita da editora.

CONSELHO EDITORIAL	PRODUÇÃO EDITORIAL
Diretor	Anna Catharina Miranda
Volney J. Berkenbrock	Eric Parrot
	Jailson Scota
Editores	Marcelo Telles
Aline dos Santos Carneiro	Mirela de Oliveira
Edrian Josué Pasini	Natália França
Marilac Loraine Oleniki	Priscilla A.F. Alves
Welder Lancieri Marchini	Rafael de Oliveira
	Samuel Rezende
Conselheiros	Verônica M. Guedes
Elói Dionísio Piva	
Francisco Morás	
Teobaldo Heidemann	
Thiago Alexandre Hayakawa	

Secretário executivo
Leonardo A.R.T. dos Santos

Editoração: Fernando Sergio Olivetti da Rocha
Diagramação: AG.SR Desenv. Gráfico
Capa: Omar Santos
Ilustração de capa: Mandala produzida por uma paciente de Jung e reproduzida por ele em Os arquétipos e o inconsciente coletivo, vol. 9/1 da Obra Completa. 5. ed. Petrópolis: Vozes, 2007, p. 341, nota 182.

ISBN 978-85-326-3850-2

Este livro foi composto e impresso pela Editora Vozes Ltda.

Sumário

Introdução
Rosa Maria Farah, 7

1. Movimento Expressivo - A integração fisiopsíquica através do movimento
Vera Lucia Paes de Almeida, 15

2. A dança da alma - A dança e o sagrado: um gesto no caminho da individuação
Lilian Wurzba, 39

3. A psicologia junguiana e o corpo no processo de individuação
Lúcia Helena Hebling Almeida, 101

4. A psicologia junguiana, a psicologia organísmica de Sandor e o uso de desenhos - O desvendar de um rosto, uma nova identidade
Lúcia Helena Hebling Almeida, 131

5. Individuação em contato com o corpo simbólico
Elisabeth Zimmermann, 155

6. Reflexões sobre movimento e imagem
Paulo José Baeta Pereira, 205

Introdução

*Rosa Maria Farah**

Qualquer coisa experimentada fora do corpo, num sonho, por exemplo, não é experimentada, a menos que a "incorporemos", porque o corpo significa o aqui e agora (JUNG, 1930).

A fala de Jung acima citada por si só já poderia nos bastar como introdução a esta publicação que apresenta, sob diferentes perspectivas, as visões e experiências dos seus autores sobre as interfaces corpo/processo de individuação. Porém, o desenvolvimento histórico da nossa psicologia ocorre de tal modo que se torna necessário ainda, em muitos momentos, relembrar os princípios essenciais intuídos e apontados pelos pioneiros desta nossa ciência, como aqueles antecipados na obra de Jung a respeito das correlações psicofísicas. Por outro lado, vivemos em uma época em que a percepção e compreensão destas correlações se mostram, mais do que nunca, necessárias e urgentes.

No início deste século, nos defrontamos com a explosão das novas tecnologias propiciadoras de inúmeras ampliações, em es-

---

* Psicóloga; professora da Faculdade de Psicologia da PUC-SP; coordenadora e supervisora de estágio clínico do Núcleo *O Corpo na Psicologia*, da Faculdade de Psicologia; autora do livro *Integração psicofísica – O trabalho corporal e a psicologia de C.G. Jung*, publicado pelas editoras Robe/C.I., São Paulo, 1995.

pecial aquelas referentes às várias formas de atividades humanas que se valem da informatização. A começar pelas comunicações via internet, ampliando os limites da nossa vivência do tempo/espaço, chegando até os variados recursos de intervenção da moderna medicina, nos quais se incluem as surpreendentes possibilidades de manipulação de nossos corpos, seja para fins curativos, seja visando a sua reformatação estética e o seu rejuvenescimento, ou ainda toda uma gama de intervenções que visam as mais diversas expansões dos seus limites. O corpo, expressão mais concreta e objetiva do "ser humano", nunca antes foi tão passível da nossa própria manipulação, modelagem e aparente controle.

Desse modo, a cultura do nosso tempo parece ter permitido o surgimento de mais este paradoxo: de um lado, o nosso anseio pela superação das restrições da condição humana parece encontrar, na tecnologia, poderosas ferramentas para a projeção das nossas mais variadas fantasias de onipotência; De outro, a abordagem do corpo em psicologia ainda é vista como uma questão polêmica, ou ainda como motivo de estranheza e reserva por alguns profissionais da nossa área de atuação.

Embora existam razões históricas e metodológicas complexas para que os processos corporais permanecessem à parte das considerações da maioria dos enfoques psicoterápicos, não é nosso objetivo aqui detalhar tais razões. Optando por um olhar prospectivo, pode ser mais proveitoso para a nossa prática destacarmos a atualidade dessa integração, uma vez que no momento presente parece existir em nosso meio uma maior prontidão para essa inclusão.

Essa prontidão é expressa pelas próprias pessoas que nos procuram ao relatarem queixas para as quais não teremos respostas adequadas se não olharmos nosso cliente como um ser que é uno em sua constituição psicofísica. O sofrimento humano, mais do que nunca, começa a ser expresso e reconhecido em suas múltiplas e simultâneas expressões (psicofísicas) pelas próprias pessoas que buscam atendimento psicológico. Por outro lado, a medicina do "corpo" também já começou a se dar conta dos seus limites frente à tarefa de acolher e cuidar do sofrimento humano em suas múltiplas expressões anímicas.

As chamadas doenças da nossa época (anorexia/bulimia, síndrome do pânico, doenças autoimunes, para citar apenas algumas, mais presentes na mídia) constituem-se muitas vezes como verdadeiros desafios à competência de profissionais sérios e dedicados, justamente por se expressarem em sintomas multifacetados, variando entre o físico e o psíquico. Por outro lado, os avanços das pesquisas médicas apontam, a cada passo, para achados que reforçam a sutileza dos limites que se possa ainda tentar estabelecer entre a nossa constituição física e o nosso psiquismo.

Como bem sabemos, a expressividade da linguagem simbólica do corpo se manifesta, sincronicamente, tanto por meio da sua própria forma, função e constituição, quanto pela fala dos sintomas e da dor. Porém, por maior que seja a nossa empatia frente ao sofrimento presente na doença, enquanto psicoterapeutas cabe-nos manter a especificidade da nossa função, mesmo diante da dor física presente nas queixas do nosso cliente, uma vez que não nos cabe curar. Nas palavras de Jung, essa nossa função será "muito mais desenvolver os germes criativos existentes dentro do paciente do que propriamente tratá-lo" (JUNG, 1985).

Ainda assim, quantas vezes somos tentados pelo desejo de poder amenizar a dor daqueles que nos procuram por mais que saibamos que essa vivência possa ser parte de um trajeto necessário ao caminho da redenção da psique. Mas, se não nos cabe curar a dor – física ou psíquica –, cabe-nos uma tarefa não menos essencial à busca da saúde – se entendemos o termo saúde como equilíbrio dos opostos, ou, de modo ainda mais amplo, como a plena expressão do potencial presente em cada ser, qual seja, favorecer a sua individuação.

No mesmo texto acima citado Jung (1985) continua, dizendo:
> Aproximadamente um terço dos meus clientes nem chega a sofrer de neuroses clinicamente definidas. Estão doentes devido à falta de sentido e conteúdo de suas vidas. Não me oponho a que se chame essa doença de neurose contemporânea generalizada.

Que diria Jung hoje, se vivesse nesta nossa era da informatização?

Em sua época, ainda que vivesse em tempos talvez menos complexos, Jung já se antecipava, ao colocar as setas indicadoras do caminho a ser percorrido na busca dessa mais ampla expressão do sentido da vida humana. Porém, só mais recentemente começamos a apreender com a devida clareza alguns aspectos da sua vasta contribuição para nossa compreensão do ser humano, especialmente no que diz respeito às interações corpo/psique.

Podemos citar suas próprias falas, algumas cautelosas, outras bastante explícitas, sobre tais correlações, falas essas que só nos últimos tempos têm sido destacadas na leitura de sua obra. Já no ano de 1935, por exemplo, frente a uma plateia questionadora, Jung, apresentou a sua proposição do princípio da sincronicidade como resposta ao questionamento que lhe foi feito sobre a questão das correlações entre corpo e psique:
> Corpo e psique são os dois aspectos do ser vivo, e isso é tudo o que sabemos. Assim, prefiro afirmar que os dois elementos agem simultaneamente, de forma milagrosa, e é melhor deixarmos as coisas assim, pois não podemos imaginá-las juntas. Para meu próprio uso cunhei um termo que ilustra essa

existência simultânea; penso que existe um princípio particular de sincronicidade ativa no mundo, fazendo com que fatos de certa maneira aconteçam juntos como se fossem um só, apesar de não captarmos essa integração (JUNG, 1935).

Nos seminários sobre *Assim falou Zaratustra*, nos quais se dirigia a uma plateia restrita e familiarizada com seu pensamento, Jung (1934/1939) fez um outro tipo de colocação, bem mais assertiva e explícita, sobre este mesmo tema. Disse ele:

O espírito pode ser qualquer coisa, mas somente a terra pode ser algo definido. Então, manter-se fiel à terra significa manter-se em relacionamento consciente com o corpo. Não fujamos e não nos tornemos inconscientes dos fatos corporais, pois eles nos mantêm na vida real e ajudam-nos a não perder nosso caminho no mundo das meras possibilidades, onde estamos simplesmente de olhos vendados.

Ao contrário do que se pode supor, as citações acima mencionadas não são exemplos raros na obra de Jung, que é farta em alusões ao corpo e ao seu reconhecimento das estreitas correlações existentes entre os processos psicofísicos. Dentre tais menções, porém, interessa-nos de modo particular relembrar aqui, de forma brevemente contextualizada, uma de suas falas mais expressivas presente nos *Seminários sobre visões* (JUNG, 1930). Essa obra consiste na transcrição dos comentários de Jung sobre o processo terapêutico de uma sua paciente, descrita sinteticamente da seguinte forma: Trata-se de mulher de aproximadamente 30 anos, muito inteligente, cientista por formação, que se apresenta como alguém muito racional, porém é também muito intuitiva, embora reprima essa sua função por se tratar de uma forma de contato com o mundo que se opõe à sua atitude racional. Na apresentação do caso, Jung diz textualmente: "Ela estava isolada em uma 'torre de marfim' sem qualquer ponte até ela, e naturalmente sofria o gelo deste isolamento, como podem imaginar".

Ao longo desse rico relato podemos acompanhar em detalhes as sutilezas e nuances das imagens vivenciadas pela cliente de Jung ao longo da sua jornada rumo à individuação, bem como as amplificações por ele propostas, visando a compreensão das imagens produzidas por essa mulher, ao longo de seu desenvolvimento. Já quase ao final, podemos encontrar mais uma expressiva fala de Jung, referente ao seu modo de entender as relações entre a questão da vivência da corporalidade e o processo de individuação. Nesta citação grifaremos algumas das suas frases, com a intenção de destacar ainda mais a ênfase dada por ele à necessidade da "incorporação" das experiências subjetivas vividas pelo ser que caminha em direção à individuação:

> O Self, como Deus *Absconditus*, pode destruir seu próprio simbolismo para um determinado propósito: Quando o grande impulso levou um indivíduo para dentro do mundo dos mistérios simbólicos, nada vem disto, nada pode vir disto, a não ser que tenha sido associado à terra, *a não ser que tenha ocorrido quando o indivíduo estava no corpo*. Sabem, se a nossa alma é destacável, como na condição primitiva, somos simplesmente hipnotizados em uma espécie de estado sonambúlico ou transe, e o que quer que experimentemos nesta condição não é sentido *porque não foi experimentado no corpo – não estávamos lá quando aconteceu.*
>
> *É assim a individuação, só pode ocorrer quando retornamos ao corpo, à nossa terra, só então ela se torna verdadeira.* Eu não sei se fui claro, isto é

muito sutil. A razão pela qual a estrutura inteira do simbolismo está sendo feita em pedaços (na vivência de sua cliente) é que o Self quer sua própria destruição como uma forma simbólica para mandar embora o indivíduo, de modo que este possa perder-se na terra. Ele tem que voltar à terra, ao corpo, à sua própria unicidade e separatividade; de outro modo ela é a corrente da vida, ela é o rio inteiro e nada aconteceu porque ninguém percebeu.

A individuação só pode ocorrer quando é percebida, quando alguém está lá e a registra; de outro modo, é a eterna melodia do vento no deserto...

Uma coisa assim não teria acontecido se a primeira parte das visões (Jung se refere às imagens relatadas pela paciente) tivesse sido vista *por alguém que estava no seu corpo*, que estava aqui e agora. Mas a nossa paciente não estava bem no corpo, ela estava em algum lugar fora, sua alma estava instalada no seu corpo de forma muito frouxa (JUNG, 1930).

Parece-nos clara e bastante evidente a nova tarefa que se coloca à psicologia do nosso tempo: Além da ampliação das concepções conceituais sobre a sincronicidade presente nos processos psicofísicos, cabe ao psicólogo, hoje, desenvolver recursos de intervenção que de fato integrem e abarquem, no âmbito do atendimento psicológico, a dimensão corporal do nosso cliente, sem que se perca de vista a nossa especificidade enquanto psicoterapeutas. E esta parece ser justamente a principal e preciosa contribuição dos autores presentes nesta publicação ao partilharem conosco as criativas experiências nas quais caminham naquela direção proposta por Sandor (1987) ao nos dizer:

Temos que, logo, dessa maneira - não em termos eclesiásticos e teológicos, mas em termos existenciais - consagrar de novo o corpo.

Referências

JUNG, C.G. (2008). *Fundamentos de psicologia analítica*. 14 ed. Petrópolis: Vozes.

_____ (1985). *A prática da psicoterapia*. Petrópolis: Vozes.

_____ (1934/1939). *Seminários sobre: "Assim falou Zaratustra"*. Clube Psicológico de Zurique [Tradução de P. Sandor para uso em grupos de estudos - Texto apostilado].

_____ (1930). *Seminários sobre visões* [Tradução de P. Sandor para uso em grupos de estudos - Texto apostilado].

SANDOR, P. (1987). Anotação de aula ministrada durante o *Curso de Cinesiologia Psicológica*, do Instituto Sedes Sapientiae de São Paulo, 07/04.

1 Movimento Expressivo
A integração fisiopsíquica através do movimento

Vera Lucia Paes de Almeida*

Os magníficos desenhos rupestres encontrados em Lascaux, França, datados de cerca de 14.000 a.c., são registros das primeiras atividades criativas do homem. Eles representam, em cores e formas, os animais que eram fonte de sua sobrevivência e também objeto de sua reverência.

Há também, nessas cavernas, um interessante desenho de uma figura humana, um xamã-dançarino, com uma máscara com chifres de cervo, vestido com uma pele de bisão, adornado com um falo de rinoceronte e cauda de cavalo. Ele está realizando uma dança de giros (BOUCIER, 2001: 6-7), buscando talvez, através desse movimento, uma identificação com esses animais, uma conexão com sua própria força vital instintiva. Assim, podemos observar que desde a pré-história o homem, mesmo vivendo sob condições adversas, buscava se expressar criativamente, e sua preocupação com a sobrevivência física não eliminava seu impulso criativo. Jung (1984, par. 245-246) deu grande relevância ao impulso criativo, enfatizando que a energia psíquica não se refere apenas à sexualidade. Ele colocou ao lado do sexo, da fome, da agressivida-

---

* Psicóloga e psicoterapeuta junguiana; especialização em Cinesiologia Psicológica, Instituto Sedes Sapientiae; mestrado em Ciências da Religião, PUC-SP.

de também a reflexão e a criatividade como impulsos psíquicos importantes que buscam realização.

A figura do xamã-dançarino, de 14.000 a.c., mostra que a dança é uma das formas de expressão criativa mais antigas da humanidade. Durante séculos a dança se desenvolveu nos mais diferentes contextos: danças cerimoniais das cortes reais; danças folclóricas populares; danças xamânicas de cura; danças propiciatórias de fertilidade; danças de semeadura e colheita; danças matrimoniais; danças funerárias; danças de guerra; danças de iniciação na puberdade; danças de celebração em datas especiais; danças de convívio social, etc. Uma infinidade de formas expressivas cujo objetivo é propiciar uma vivência corporal e psíquica que auxilie o homem a evocar no seu interior as forças arquetípicas necessárias para a execução dessas atividades. Como sabemos, apenas a força de vontade e determinação egoica não são suficientes para assegurar nossa ação no mundo. É preciso também a colaboração do inconsciente, que, através dos seus símbolos, propicia a transformação da energia psíquica e a coloca à disposição da consciência para seus diferentes propósitos.

Atualmente, nas comunidades tradicionais de cidades distantes da civilização urbana, ainda podemos encontrar formas rituais que ajudam o homem a se conectar com suas raízes instintivas e forças arquetípicas, seja na forma da vivência do folclore de mitos locais, seja através dos rituais de atividades religiosas. Mas, na vida agitada e altamente tecnológica dos grandes centros urbanos, é quase impossível encontrar meios simbólicos realmente efetivos. Para suprir essa dificuldade o século XX viu surgir uma nova forma de acesso ao mundo interior: a psicanálise de Sigmund Freud e em seguida a psicologia analítica de Carl Gustav Jung, que, com seus métodos de análise dos sonhos e técnicas de imaginação ativa, tornaram possível o diálogo com o inconsciente em termos individuais. Dentre as inúmeras formas de vivência das imagens simbólicas encontramos: a escrita, a escultura, a pintura, o desenho e também a dança e o movimento, como forma de expressão criativa (JUNG, 1984, par. 167-171).

O que é o Movimento Expressivo?

O Movimento Expressivo é um trabalho corporal que busca a integração fisiopsíquica através da ênfase na expressão criativa do movimento. O objetivo é proporcionar uma conscientização do corpo simultaneamente a uma conscientização dos sentimentos, emoções, imagens, recordações, enfim, do mundo interno da psique em sua totalidade.

O encontro com o inconsciente é favorecido pelo caráter lúdico da dança e pela estimulação afetiva da música, que facilitam o acesso às imagens simbólicas. É um trabalho predominantemente grupal, já que a dança tem um caráter agregador que facilita um contato entre as mais diversas pessoas, promovendo um espaço potencializado de crescimento e desenvolvimento.

Quais são as bases teóricas e o modo de trabalho com o Movimento Expressivo?

A fundamentação teórica do Movimento Expressivo se baseia na psicologia analítica de C.G. Jung, mais especificamente nos conceitos alquímicos ligados aos processos de individuação, e também na Arte do Movimento, de R. Laban.

Carl Gustav Jung resgatou o valor simbólico da alquimia para o nosso século. Jung (1985, 1990, 1994, 2003) via no trabalho alquímico um relato do processo de transformação psíquica e desenvolvimento de personalidade que ele chamava de processo de individuação. Os alquimistas trabalhavam com a matéria, e tentavam resgatar o espírito que eles julgavam ali aprisionado. Eles acreditavam poder transformar os metais não nobres, como chumbo ou ferro, no metal nobre por excelência, o ouro, através de várias operações alquímicas que iriam depurando a matéria bruta original até ela revelar sua essência, seu espírito: a pedra filosofal.

De modo análogo, no Movimento Expressivo trabalhamos com a matéria, que é o nosso corpo, e através dos movimentos vamos resgatando nosso espírito, ou o significado mais profundo dos símbolos adormecidos dentro de nós, promovendo assim a circulação da energia entre consciente e inconsciente. A pedra filosofal buscada nesse processo é o encontro com o Self; o centro ordenador da personalidade, onde os conflitos são superados e os opostos harmonizados. Para isso, o trabalho com o corpo, com a matéria, é muito importante, pois grande parte da energia necessária para as transformações da personalidade (como: resolução de conflitos, mudanças de atitudes, etc.) está ligada a bloqueios somáticos, sintomas físicos, já que o corpo é muito pouco consciente para a grande maioria das pessoas.

R. Laban (1978, 1990) estudou o movimento e a dança não só em seus aspectos físicos e fisiológicos, mas também na sua dimensão psíquica, enfatizando a correlação entre o movimento e a vida interior daquele que o realiza, fundamento da real criatividade.

No trabalho com o Movimento Expressivo os quatro fatores de movimento estudados por Laban (peso, fluidez, espaço e tempo) (1978: 32-36) são associados aos quatro elementos alquímicos (terra, água, fogo e ar) (EDINGER, 1990) e às quatro funções psíquicas da consciência (sensação, sentimento, pensamento e intuição). A cada encontro esses elementos são trabalhados em *circulatio*, de modo a promover uma ampliação e integração gradativa, tanto do repertório de movimentos quanto das vivências simbólicas associadas a eles.

No final abre-se um espaço para o registro das experiências por escrito, as quais serão compartilhadas no início do encontro seguinte. Os relatos referem-se não só às experiências percebidas e vividas no grupo, mas incluem também as possíveis repercussões observadas no cotidiano de cada participante. Essa conversa inicial é importante para que todos se beneficiem da riqueza das experiências de cada participante do grupo e para que seja possível o desenvolvimento da compreensão simbólica, pelo treino de narrar numa linguagem verbal o que foi vivido corporalmente. Passar de um registro vivencial para um registro descritivo é da maior importância para fixação da experiência na consciência. A escuta do grupo funciona como fator de fixação e enriquecimento das experiências do mundo interior, as quais normalmente ou passam desapercebidas no cotidiano, ou, se percebidas, não são devidamente valorizadas. Conscientizar que as experiências são absolutamente diferentes para cada membro do grupo e que as mesmas despertam surpresa, interesse e curiosidade ao serem relatadas, gera uma nova atitude, mais reverente, perante a própria vida interior.

Outro dado importante é que as imagens e experiências não são interpretadas, mas simplesmente descritas, e seu sentido emerge da própria descrição. Percebe-se que, ao longo do tempo, os relatos vão formando um padrão de significado relevante para o indivíduo.

> As imagens necessitam de relacionamento, não de explicação. No momento em que interpretamos, transformamos o que era essencialmente natural em conceito, em linguagem conceitual, afastando-nos do fenômeno. Uma imagem é sempre mais abrangente, mais complexa, que um conceito (HILLMAN, 1992: 10-11).

O período de trabalho de cada encontro é de uma hora e trinta minutos e o período mínimo de duração do grupo é de três meses para que se observe algumas transformações significativas.

Qual a essência do processo de transformação?

Segundo Almeida (1997) pode-se nomear diferentes fases do processo, de modo a facilitar a compreensão do que ocorre a cada encontro, da seguinte maneira.

Concentração no movimento

Esse é o primeiro passo do trabalho e implica em realizar o movimento com atenção em si mesmo. É importante notar não só o movimento que é feito, mas também como ele é feito e como se reage ao que é feito. Devemos perceber não só o que é despertado durante a execução do exercício, mas também como isso vai, por sua vez, influir no que estou realizando. Portanto, o Movimento Expressivo envolve um diálogo contínuo entre o mundo interno e externo, entre corpo e mente, entre o físico e o psíquico, espírito e matéria. A interação dinâmica entre essas polaridades torna o movimento verdadeiramente expressivo, isto é, ele expressa algo, que é a vida interna criativa da pessoa que se movimenta. O resultado não é apenas uma repetição mecânica de uma forma externa indicada pelo orientador, mas uma criação espontânea e única, pois revela o momento e a individualidade da pessoa.

Silêncio interior

Ao criar essa atenção concentrada no movimento e naquilo que se sente ao realizá-lo, vamos "limpando" progressivamente nossa mente de todos os pensamentos supérfluos, distrações, julgamentos, críticas que interferem na atitude de observação receptiva, necessária para deixar aflorar as vivências interiores criativas e o movimento espontâneo. Chamo esse momento de silêncio interior porque essas vozes, que normalmente povoam nossa mente, vão se calando e produzindo uma sensação de calma e aquietamento. No silêncio a observação então transforma-se em contemplação, ou seja, não é uma observação fria e distante, mas uma percepção que interage com o que é percebido, sem perder sua clareza e equilíbrio. As imagens surgem, e ao contemplá-las deixo que atuem sobre mim, despertando meus sentimentos, sensações, os quais deixo que se expressem nos movimentos. Por alguns minutos todo o resto fica em suspenso, não anulado, porque sei que o mundo do cotidiano, o mundo que conheço normalmente está lá como sempre, mas nesse momento escolho entrar nesse silêncio, para contemplar o novo dentro de mim.

Compreensão simbólica

O silêncio interior e o estado contemplativo implicam numa suspensão temporária da razão crítica e analítica para abrir espaço para a razão poética e simbólica. Isso quer dizer que as imagens, sensações, sentimentos que emergem não serão submetidos a uma compreensão literal ou uma análise lógica, porque isso seria desfazer o silêncio interior e perder a vivência criativa. Nesse momento o que importa não é saber por que essas imagens ou sensações emergiram, mas sim aceitá-las e desfrutá-las, dialogar, brincar com elas e permitir que a energia presente nestes símbolos flua e se expresse naturalmente, ludicamente. Quando sinto, por exemplo, que meu corpo desabrocha como uma flor, ou se contrai numa sensação de escuro e estreiteza; ou quando uma imagem de criança me convida a pular; ou quando o mar balança meus braços como uma alga marinha; ou minha boca se arreganha como num ataque de um tigre raivoso, percebo que essas imagens são expressões poéticas, expressões simbólicas da riqueza do meu ser e que posso desfrutá-las e me maravilhar com elas. Essa percepção é a compreensão simbólica, aquilo que nos faz compreender a vida além do plano concreto e literal, e que provoca o alargamento dos horizontes da nossa personalidade.

Integração de polaridades

Assim, ao realizar os movimentos com atenção, criando o silêncio interior e o estado contemplativo, promovo a vivência poética e simbólica, que volto a expressar nos movimentos fechando o ciclo entre físico e psíquico, dentro e fora, corpo e alma. A energia flui de um polo a outro, proporcionando uma aproximação e integração entre o concreto e o abstrato, entre o real e a fantasia, entre o mundo do cotidiano e o mundo imaginário e, em linguagem psicológica, entre o ego e o Self. Ambos os lados se beneficiam das trocas e interações realizadas. O que acontece é que, ao desligar o diálogo interno, o foco da consciência que está no ego e que se ocupa com nossas vivências do cotidiano, se torna mais flexível e começa a se deslocar em direção ao Self que é o centro da personalidade mais ampla, e isso permite que entremos em contato com níveis mais profundos do nosso ser. Essa experiência possibilita que o nível cotidiano e pessoal seja inserido num todo mais amplo, enriquecendo e ampliando o significado da vida. Como já foi dito anteriormente, para cada pessoa os símbolos emergentes serão diferentes, até para o mesmo exercício, pois eles serão produzidos espontaneamente pelo inconsciente de cada um e não pelo ego, atendendo assim às necessidades mais profundas e específicas de reequilíbrio fisiopsíquico individual.

Aqui faço uma analogia com a alquimia, que busca o "casamento sagrado" entre os opostos (lua e sol, o rei e a rainha), para obter o nascimento da "Criança Divina", da "Pedra Filosofal", o "Ouro Interior", que é a integração da personalidade, o casamento da alma e do espírito, do consciente e inconsciente.

Como disse Hermes Trismegistus, na sua Tábua Esmeraldina (*Tabula Smaragdina Hermetis*): "...o que está acima é como o que está abaixo..." (EDINGER, 1990: 248). O que é abstrato, o mundo do espírito, o mundo dos arquétipos dos grandes valores, deve descer para encontrar a alma, a psique e se expressar no mundo concreto, no corpo, nas nossas atitudes. Por sua vez, o que "está embaixo", a psique, o corpo, o ego, se eleva com esse contacto, ampliando o significado da vida rotineira, encontrando um sentido maior nas nossas trivialidades, nos nossos sintomas, nos nossos humores. Ao prestar atenção ao meu mundo interior, começo a valorizá-lo e perceber suas diferentes nuances, sutilezas e o poder de suas imagens e sensações. Assim, o meu olhar para dentro provoca uma mudança no meu olhar para fora, e toda uma visão de mundo se transforma. Essa transformação é a busca da obra alquímica: perceber que somos muito mais do que pensamos e muito menos do que poderíamos ser, que o nosso mundo interno está intimamente ligado ao mundo externo, e que nosso equilíbrio afeta o equilíbrio do universo. Isso tudo pode ser compreendido a partir da percepção da integração do meu corpo e da minha alma, dentro de uma vivência poética arquetípica.

A dimensão arquetípica do processo

M.L. von Franz (2000) escreveu um livro, *A gata*, no qual ela analisa um belo conto de fadas romeno. Neste livro há trechos que podem nos ajudar a entender a importância do trabalho corporal para o processo de individuação.

Primeiro Franz enfatiza, na própria introdução do livro (2000: 9-10), a importância crucial da experiência arquetípica.

> Como observou Jung, o único fator de cura em terapia é a experiência arquetípica. Todas as técnicas que usamos ajudam as pessoas a se abrirem à experiência arquetípica. Mas é só o inconsciente que envia uma experiência arquetípica, e esse é um ato espontâneo que não podemos forçar; a única coisa a fazer é aguardar e preparar-nos para ele, almejando que aconteça.

O Movimento Expressivo pode ser visto tanto como um modo de ajudar as pessoas a se abrirem à experiência arquetípica, através do contato com a imaginação criadora, quanto um modo de fortalecer a consciência através do seu ancoramento no corpo, e assim, em consequência, facilitar o diálogo com o inconsciente.

Em segundo lugar, a autora aponta que a experiência do corpo de que precisamos nos conscientizar hoje em dia é justamente a vivência do aspecto arquetípico da carne, da realidade espiritual do corpo.

> A redenção do feminino não significa a redenção da carne, mas a redenção da divindade da carne, do seu aspecto divino, arquetípico, de semelhança com Deus (FRANZ, 2000: 131).

Pode-se dizer que atualmente o poder do corpo e da imaginação criadora, como fontes de conhecimento, estão quase que completamente esquecidos. No entanto, Jung nos lembra da importância da conscientização do nosso ser como uma unidade fisiopsíquica indissolúvel.

> Se ainda estivermos imbuídos da antiga concepção de oposição entre espírito e matéria, isto significa um estado de divisão e intolerável contradição. Mas se, ao contrário, formos capazes de reconciliar-nos com o mistério de que o espírito é a vida do corpo, vista dentro, e o corpo é a revelação exterior da vida do espírito, se pudermos compreender que formam uma unidade e não uma dualidade, também compreenderemos que a tentativa de ultrapassar o atual grau de consciência, através do inconsciente, leva ao corpo e, inversamente, que o reconhecimento do corpo não tolera uma filosofia que o negue em benefício de um puro espírito (JUNG, 1993: 195).

Corpo e imaginação pertencem à dinâmica do princípio feminino, o qual atua através das sensações, sentimentos, intuições e deve complementar o princípio masculino da razão e da lógica. Em *A gata*, Franz revela várias pistas preciosas para o resgate do feminino através do corpo e pode nos ajudar a ampliar a compreensão do trabalho com o Movimento Expressivo. Vamos analisar somente o trecho do conto que é relevante para esse texto.

Na história há um rei que propõe a seus três filhos a realização de uma tarefa difícil (trazer um pedaço de linho finíssimo), a qual deve ser cumprida a fim de que o vencedor seja o herdeiro do trono. O herói do conto, ajudado pela "gata", volta à presença do pai, depois de muitas aventuras, com uma noz mágica. Esta, ao ser quebrada, libera uma semente de milho, depois uma semente de trigo e por fim uma erva-daninha, que ao ser esmagada revela o tesouro final, a peça de linho mais fina que se poderia desejar (FRANZ, 2000: 133).

Podemos imaginar essas sementes como símbolos das diferentes fases do processo com o trabalho corporal, o qual, progressivamente, vai nos aproximando do "tesouro" almejado, ou seja, a integração ego-Self.

Noz

É o estágio inicial do processo. Há que se vencer duras resistências em relação à importância do trabalho corporal. É muito difícil considerá-lo como fonte de conhecimento tão valioso quanto o conhecimento que se obtém através da razão. Vozes interiores que desvalorizam o processo devem ser conscientizadas e confrontadas para que seja possível se atingir o interior da noz onde reside o alimento. Além disso, a dificuldade de manter a atenção no corpo sem criticar, julgar, interpretar é outra resistência difícil de atravessar. É só através da persistência e constância no trabalho que aos poucos vamos vencendo esses obstáculos.

> Quando abordamos inicialmente o inconsciente, ele é uma noz dura, difícil de quebrar. Não conseguimos penetrar nele, não compreendemos nossos sonhos, e assim por diante; temos de quebrar a casca para compreender as imagens e somos repelidos até descobrir que elas contêm uma mensagem, algo que alimenta (FRANZ, 2000: 137).

Quando trabalhamos com o corpo percebemos que ele se expressa espontaneamente através de imagens (ALMEIDA, 2005: 12-17). Por exemplo: "Senti meus braços ondulantes como uma alga no fundo do mar"; "Minhas pernas estavam firmes e fortes como pilares, como alicerces de um edifício" (depoimentos de integrantes dos grupos).

Os vários relatos dos participantes dos grupos, em sua grande maioria, são feitos em termos imagéticos. Isso não quer dizer que todos visualizem essas imagens, e sim que elas se revelam como o meio mais satisfatório de descrever algo difícil de ser colocado em palavras. Ao se trabalhar com a matéria do corpo entramos em contato com a matéria da psique: as imagens. A "noz" seria a representação do aspecto mais concreto do corpo, da sua dimensão mais sólida, a qual traz no seu interior a sua polaridade anímica, o aspecto psíquico, expresso através das imagens. "...tudo aquilo que se torna consciente é *imagem* e *imagem é alma*" (JUNG, 2003, par. 75).

Hillman (1992: 55) também faz referência à importância da atividade imaginativa para uma compreensão mítica da alma, ou seja, da possibilidade de se liberar da compreensão apenas literal dos eventos psíquicos, e de se abrir para a vivência arquetípica.

> Toda obra humana é fruto da fantasia criativa. Se assim é, como fazer pouco caso do poder da imaginação? Além disso, normalmente a fantasia não erra, porque sua ligação com a base instintiva humana e animal é por demais profunda e íntima. É surpreendente como ela chega sempre a propósito. O poder da imaginação, com sua atividade criativa, liberta o homem da sua pequenez... (JUNG, 1981, par. 98).

Milho

As resistências começam a ser vencidas efetivamente quando o aspecto nutritivo, que corresponde ao símbolo do milho, se evidencia no processo. Através da prática constante, que prossegue apesar dos sentimentos de ridículo, das vozes críticas, da dificuldade de concentração, surge uma percepção de um bem-estar físico e psíquico. As tensões e a ansiedade diminuem durante e depois do trabalho, também no cotidiano. Franz diz que as pessoas, mesmo sem entender completamente as imagens e suas vivências no processo terapêutico, se beneficiam do simples contato com o inconsciente (FRANZ, 2000: 138).

> [As pessoas] chegaram sentindo-se deprimidas e ainda não entenderam muita coisa, mas se sentem melhor, mais esperançosas. Elas entram em contato com o aspecto nutritivo do inconsciente, o milho, e isto começa a dar alguma vitalidade à consciência, a transmitir alguma esperança.

Jung diz que no início do trabalho com o inconsciente se requer apenas uma disposição intencional consciente para entender os conteúdos psíquicos como simbólicos.

> [Deve-se considerá-los] ...de início, como mera hipótese, deixando que a experiência de vida venha a decidir se é útil ou necessário, ou recomendável entender simbolicamente os conteúdos, em vista de uma orientação de vida (JUNG, 1993, par. 29).

Essa atitude de abertura perante o inconsciente geralmente produz uma resposta favorável do inconsciente, a qual pode ser sentida como um alimento, uma nutrição, uma revitalização do consciente. Assim, a maneira habitual e repetitiva de encarar a si-mesmo é arejada pelas novas percepções que brotam durante a realização dos movimentos.

Trigo

Esse é o estágio transformador. O trigo é um símbolo de morte e renascimento na Grécia Antiga, ligado a Deméter e aos mistérios de Elêusis. Nessa fase, além do alívio dos sintomas, apreende-se o significado mais profundo da vivência fisiopsíquica. Imagens, sensações, sentimentos começam a ter uma qualidade arquetípica, que amplia a vivência do âmbito meramente pessoal para uma compreensão maior e mais profunda da própria vida.

> O trigo seria o estágio seguinte, quando as pessoas começam a perceber uma espiritualidade numinosa no inconsciente, que os sonhos [imagens] são mais do que bons conselheiros para problemas conjugais, profissionais ou sexuais. Nesse estágio revela-se o aspecto de ressurreição do trigo, seu aspecto espiritual, transformador (FRANZ, 2000: 138).

A vivência transformadora é fruto da compreensão do aspecto arquetípico da vida. É uma ampliação da vivência do ego para o reconhecimento da existência do Self como fator autônomo de orientação da psique.

> O eu [ego] não pode deixar de descobrir que o afluxo dos conteúdos inconscientes vitaliza e enriquece a personalidade e cria uma figura [o Self] que ultrapassa de algum modo o ego em extensão e em intensidade (JUNG, 1984, par. 430).

O reconhecimento da atuação desse fator mais amplo que o ego se dá através da compreensão simbólica das vivências que ocorrem durante os encontros, e da sua inter-relação com os fatos externos da vida. Fatos esses, que estão agora transfigurados por novos significados, provenientes de uma visão mais ampla, a sabedoria do Self.

> Afinal, a maioria das coisas depende muito mais da maneira como as encaramos, e não de como são em si. Vale muito mais a pena viver as pequeninas coisas com sentido, do que as maiores sem sentido algum (JUNG, 1981, par. 96).

Erva-daninha

Por fim chegamos ao estágio do desprendimento. A erva-daninha representa algo sem qualquer utilidade aparente, mas é dela que surge o tesouro desejado. Isso quer dizer que, depois de termos nos nutrido e nos transformado através do contato e diálogo com o inconsciente, devemos ir além das expectativas de obter apenas benefícios pessoais com o processo de autoconhecimento. O Self pede a renúncia dos resultados utilitários, práticos para que se possa chegar à vivência do simplesmente ser.

> É o sacrifício de relacionar-se com o inconsciente para proveito pessoal... Todo analisando aprende a relacionar-se com o inconsciente para beneficiar-se dele... Mas depois de um contato prolongado com o inconsciente, chega o momento em que ele precisa renunciar a isso, parar de tratar o inconsciente como uma mãe que diz o que fazer (FRANZ, 2000: 139).

O trabalho com o Movimento Expressivo frequentemente se inicia porque a pessoa tem alguma dificuldade física ou psíquica. Mas, pouco a pouco, o próprio trabalho se torna o foco central de interesse. Ele se torna um momento de encontro consigo mesmo tão precioso quanto o alívio buscado no início do processo.

Franz (1999: 163-165) explica que esse desprendimento se dá como consequência de uma constante busca de integração das quatro funções. Através do processo de *circulatio* surge um quinto elemento, a *quintessência*, a pedra filosofal dos alquimistas. Esse quinto elemento não é só a soma dos quatro, mas também algo inteiramente novo. Um núcleo consolidado que não se identifica mais com a turbulência interna ou externa da vida, "...a permanente batalha das quatro funções chega a um ponto de repouso" (FRANZ, 1999: 164).

Esse núcleo pode ser sentido como um verdadeiro ponto de equilíbrio entre corpo e alma.

> Nossos conhecimentos atuais, porém, não nos permitem senão comparar a relação entre o mundo psíquico e o mundo material a dois cones cujos vértices se tocam e não se tocam em um ponto sem extensão, verdadeiro ponto zero (JUNG, 1984, par. 418).

A vivência desse ponto zero é um momento de profundo silêncio interno, de paz e, ao mesmo tempo, de intensa vitalidade. É interessante observar que Franz cita um texto alquímico que usa uma metáfora de movimento para ilustrar esse instante de conjunção de polaridades "...A pessoa se move sem movimento, corre sem correr (*currens sine cursu, movens sine motu*)" (FRANZ, 1999: 163).

Esse estado de total integração pode ser apenas um breve momento, mas é tão poderoso que deixa marcas profundas em quem o vivenciou. Ele é na verdade a essência do processo de individuação.

Outra forma de ilustrar o trabalho com o corpo e com o Movimento Expressivo, na sua dimensão arquetípica, é através dos símbolos da árvore, do templo e da luz.

A árvore – O corpo como natureza

A árvore é um símbolo antigo de crescimento e desenvolvimento (JUNG, 2003: 350-353) que pode representar o corpo nos seus eixos horizontal e vertical e também nos conectar com o aspecto vegetativo do inconsciente no corpo.

> O conjunto desse processo, no qual atualmente vemos um desenvolvimento psicológico, foi designado pelo nome "árvore filosófica", comparação "poética" que estabelece uma analogia não desprovida de justeza entre o fenômeno natural do crescimento da psique e aquele que concerne às plantas (JUNG, 2003, par. 482).

O Movimento Expressivo através da movimentação espontânea e da observação isenta de expectativas formais proporciona uma conscientização do corpo no seu aspecto mais básico e fundamental: respiração, circulação sanguínea, batimentos cardíacos, qualidade do tônus muscular, sensações cutâneas, articulares, viscerais, etc. A vivência do corpo nessa dimensão somática se alia frequentemente a imagens da natureza externa, tais como: árvores, flores, paisagens as mais diversas e também à representação de animais os mais variados. É como se, aos poucos, o corpo fosse revelando sua realidade e sua força instintiva, a qual está sempre em transformação: um dia um jardim florido, noutro um deserto árido; hoje uma leveza de pássaro, amanhã um pesado elefante. A obsessão por um corpo sempre jovem, saudável, bem-disposto, forte, etc. é substituída pela consciência e aceitação de um corpo *vivo* e, portanto, sempre em mutação.

A imagem da árvore aqui nos remete a um crescimento para cima, para baixo e para os lados. A natureza representada no símbolo da árvore expressa o dinamismo matriarcal de consciência (JUNG, 1993, par. 64-65).

> Milhões de anos de experiência ancestral estão armazenados nas reações instintivas da matéria orgânica, e nas funções do corpo está incorporado um conhecimento vivo [...] A Grande Mãe do inconsciente coletivo tem uma sabedoria infinitamente superior ao ego, por representar, através dos instintos e arquétipos, a "sabedoria da espécie" (NEUMANN, 1990: 207-208).

As raízes nos levam ao mundo dos instintos, nossa ligação com a terra, ao mundo do inconsciente somático, que em última instância nos conecta com a base de tudo que é vivo. Permitir o corpo se entregar a essa dimensão implica em desenvolver uma confiança nas próprias raízes instintivas e experienciar o relaxamento dessa entrega, como o bebê no colo da mãe.

Boas vivências nesta fase de consciência matriarcal propiciam ao corpo encontrar o prazer de estar em si mesmo, o prazer do acolhimento intrapsíquico, fértil e harmonioso. É muito importante que possamos encontrar em nós mesmos a sensação de aconchego, de segurança e nutrição, um refúgio tranquilo que acalma e revitaliza antes, durante e depois das batalhas da vida. Essa vivência de entrega prazerosa, de relaxamento e abertura para o universo imensamente rico de sensações que nos oferece o corpo, é peculiar da exuberância do arquétipo da Grande Mãe.

O Movimento Expressivo favorece o encontro com essa dimensão através de um relaxamento natural e a observação espontânea das sensações e sentimentos. Através de exercícios adequados vai sendo criada, progressivamente, uma identidade forte e flexível, que deriva da aceitação do próprio corpo, com todas suas potencialidades e limitações. Antes de qualquer transformação é preciso se conhecer e se aceitar tal como se é. Isto significa entregar-se a si mesmo *amorosamente*, com confiança e alegria.

Uma conexão rica e forte com o próprio impulso vital (a fonte interna geradora de vida) é a base de todo processo de desenvolvimento, daí a importância da vivência harmoniosa do aspecto corporal dentro da dinâmica de consciência matriarcal.

O templo – O corpo como cultura

Depois da vivência de entrega e confiança na nossa natureza básica, a qual corresponde ao dinamismo da consciência matriarcal, passamos ao estágio seguinte de construção de habilidades, definição de limites e exploração de potencialidades. É o estágio de consciência patriarcal, no qual a consciência corporal vai se tornando cada vez mais diferenciada e refinada (JUNG, 1993, par. 66-67).

O Movimento Expressivo pode ajudar a definir conscientemente as possibilidades de exploração espacial (frente-atrás, cima-baixo, direita-esquerda, etc.), exploração temporal (lento-rápido e variadas possibilidades rítmicas) e também as diversas qualidades de movimento (sinuoso, retilíneo, pontuado, etc.), tudo isso associado aos sentimentos e imagens correspondentes. Dessa forma, ampliam-se as possibilidades de atuação no mundo e também a compreensão do significado dessa atuação.

A fase patriarcal oferece os canais de expressão para as sensações que desabrocharam na fase matriarcal. A sensação de estar vivo se expande e traz a necessidade de ação: no amor, no trabalho, no lazer, nos estudos, etc. O corpo deve ser capaz de se adaptar a cada situação de vida, contribuindo para a realização da personalidade em expansão. Os gestos de amor são diferentes dos de trabalho, por exemplo, e cada pessoa possui sua maneira gestual específica para expressar sua individualidade. A dança expressiva ajuda a cada um a encontrar sua forma própria de expressão, fortalecendo o ego na sua singularidade, na sua diferenciação criativa.

A seguir, as polaridades diferenciadas devem ser aproximadas e integradas através de um constante diálogo. É a fase integrativa do desenvolvimento da consciência. O corpo não reage apenas aos polos extremos, mas aprende as gradações sutis que existem entre eles, variando sua interação com o mundo interno e externo num diálogo enriquecedor. Por exemplo: entre o pesado e o leve há uma variação enorme de intensidade, assim como entre o amor e o ódio e qualquer outra relação polar, física ou psíquica. Na interação dialética dessa fase, o corpo descobre suas infinitas possibilidades de expressão e troca, intercambiando os opostos numa dança criativa.

O diálogo também se estende para a comunicação dialética entre "facilidades" e "dificuldades" que se apresentam, tanto em nível corporal quanto psíquico, durante o processo. Há dias em que a vivência é agradável, rica, proveitosa, com sensações e sentimentos profundos e reveladores. Mas há outros dias em que se constela o oposto, e nesses dias também se aprende algo importante. Assim, aos poucos, surge a consciência de que o que realmente importa é o processo em si, o diálogo consigo mesmo. A construção do corpo como um templo implica na conscientização da própria realidade fisiopsíquica como um espaço de autoconhecimento e expressão, não só das habilidades egoicas, mas também da nossa essência mais profunda, o Self, o qual se revela justamente na diferenciação e integração dos opostos da nossa personalidade.

O termo templo vem do latim *templum*, relacionado a contemplar (LUNDQUIST, 1993: 5). Vivenciar o corpo como um templo implica em torná-lo um espaço receptivo às imagens, sensações e sentimentos que se tornam passíveis de contemplação. Isso quer dizer, fora do espaço cotidiano, do uso cotidiano, o corpo pode se tornar uma ponte para a dimensão arquetípica e propiciar o contato com a nossa totalidade.

A luz – O corpo como energia

Aqui chegamos ao nível de experiência do corpo como campo de energia. No Oriente ele é denominado "corpo de luz" ou "corpo de diamante" (JUNG, 1983: 59). No Ocidente, a tradição cristã se refere ao "corpo glorioso". Seria a possibilidade de vivenciar a máxima integração ego-Self. O casamento interior entre as polaridades corpo-mente, matéria-espírito, consciente-inconsciente.

O corpo não é mais vivido apenas como matéria, polo oposto à alma, psique, mas junto com esta se revela como uma nova unidade criativa. Isso possibilita novas experiências que podem até fugir às experiências mais comuns que temos do mundo concreto que nos rodeia. A física já está entrando nesse campo com as novas descobertas da teoria quântica. O conhecimento da matéria em níveis subatômicos já não provém da experiência sensorial direta, em consequência os físicos nucleares passaram a lidar com experiências não sensoriais da realidade e tiveram que enfrentar aspectos paradoxais dos experimentos científicos, que antes eram relatados apenas pelos místicos e principalmente pela filosofia oriental (CAPRA, 1993: 46).

A diminuição de tensão entre os opostos traz uma transformação qualitativa que se traduz fisicamente numa vivência de equilíbrio, harmonia, graça e firmeza. Em momentos profundos de integração e transcendência, essa vivência se amplia para os chamados estados alterados de consciência, os êxtases místicos, as experiências de iluminação. O fato de estar profundamente enraizado no corpo permite a experiência de ir além e perceber o mundo através das aparências e se sentir uno com ele.

Na sua autoexperiência o corpo se sente imortal na conjunção com o Self e simultaneamente finito na sua mortalidade. A experiência corporal suprema de vida e de morte é redimensionada aqui numa percepção qualitativamente mais rica e elevada, pois o corpo já não se identifica completamente apenas com seu lado material-transitório, o ego, mas experimenta sua dimensão energética-perene, o Self. Isso dá sentido e significado ao processo de desenvolvimento: realizar a si mesmo como unidade.

Penso em São Francisco e nas suas conversas com os pássaros, com a terra, com a natureza. Através da natureza ele atingia a dimensão divina. O centro já não está no corpo, ou na mente, mas transcendendo a polaridade se encontra no Self, que é corpo e alma, natureza e divindade: o pássaro é a divindade, a divindade é o pássaro, e nós somos os dois.

Finalmente as duas pontas do círculo evolutivo se unem num círculo. Natureza e transcendência são uma e a mesma coisa, cumprindo o anseio mais profundo de renascimento e transformação do ser humano.

O Movimento Expressivo é uma das maneiras de se buscar essa integração que leva à realização do potencial de cada um na sua expressão máxima. Ele pode ser encarado como um instrumento valioso para o autoconhecimento e para a expressão criativa do inconsciente profundo. A conjunção da dimensão fisiopsíquica é a experiência pessoal de uma união mais ampla que aproxima o mundo físico e a dimensão espiritual. É o que Jung chamou de *Unus Mundus*, a experiência de interligação de todos os fenômenos num mesmo *continuum* energético. Isso quer dizer que o trabalho efetuado no processo de individuação, por ampliar a consciência e integrá-la ao todo, o Self, não se reflete apenas no indivíduo, mas tem efeito em todo o ambiente. Como diz Jung:

> aquele que alcança uma compreensão de suas ações [...] exerce, mesmo sem querer, uma influência sobre seu meio (JUNG, 1991, par. 583).
>
> O Self compreende infinitamente muito mais do que apenas o eu, como no-lo mostra o simbolismo desde épocas imemoriais: significa tanto o Self dos outros, ou os próprios outros, quanto o eu. A individuação não exclui o mundo; pelo contrário, o engloba (JUNG, 1984, par. 432).

Ao se realizar um trabalho corporal, atinge-se a dimensão psíquica e vice-versa, pois somos uma unidade indissolúvel; esta, no entanto, precisa ser conscientizada para expressar plenamente sua inteireza.

> A ideia do *unus mundus* fundamenta-se na suposição de que a multiplicidade do mundo empírico se apoia numa unidade subjacente [...] Mas uma coisa

sabemos com certeza: a realidade empírica tem fundamento transcendental. O terreno comum da microfísica e da psicologia profunda é tanto físico quanto psíquico e, portanto, nenhum, mas antes uma terceira coisa, uma natureza neutra que podemos, no máximo, perceber por meio de indícios, visto ser sua essência de cunho transcendental (JUNG, 1990, par. 422-423).

Essa essência de cunho transcendental de que fala Jung é a realidade intangível e profunda do Self, que se revela presente no anseio do homem, desde 14000 a.C., na figura do xamã-dançarino da pré-história, até os dias de hoje, na busca de autorrealização do homem contemporâneo. É a esse anseio que o Movimento Expressivo procura dar forma e expressão. Um processo que se realiza em movimento, dançando de corpo e alma.

Bibliografia

ALMEIDA, Vera L.P. de (1997). A alquimia do Movimento Expressivo. In: *Hermes*, n. 2. São Paulo: Instituto Sedes Sapientiae.

_____ (2005). Movimento Expressivo e a imaginação criadora. In: *Hermes*, n. 10. São Paulo: Instituto Sedes Sapientiae.

BOUCIER, Paul (2001). *História da dança no Ocidente*. São Paulo: Martins Fontes.

CAPRA, Fritjof (1993). *O Tao da física*. São Paulo: Cultrix.

EDINGER, Edward F. (1990). *Anatomia da psique* – O simbolismo alquímico na psicoterapia. São Paulo: Cultrix.

FRANZ, Marie-Louise von (2000). *O gato* – Um conto da redenção feminina. São Paulo: Paulus.

_____ (1999). *Psicoterapia*. São Paulo: Paulus.

HILLMAN, James (1992). *Psicologia arquetípica*. São Paulo: Cultrix.

JUNG, Carl G. (2003). *Estudos alquímicos*. Petrópolis: Vozes.

_____ (2001). *O segredo da flor de ouro*. 11. ed. Petrópolis: Vozes.

_____ (1994). *Psicologia e alquimia*. Petrópolis: Vozes.

_____ (1993). *Civilização em transição*. Petrópolis: Vozes.

_____ (1991). *Presente e futuro*. Petrópolis: Vozes.

_____ (1990). *Mysterium coniunctionis*. Vol. II. Petrópolis: Vozes.

_____ (1985). *Mysterium coniunctionis*. Vol. I. Petrópolis: Vozes.

_____ (1984). *A natureza da psique*. Petrópolis: Vozes.

_____ (1981). *A prática da psicoterapia*. Petrópolis: Vozes.

LABAN, Rudolf (1990). *Dança educativa moderna*. São Paulo: Ícone.

_____ (1978). *Domínio do movimento*. São Paulo: Summus.

LUNDQUIST, John M. (1993). *O templo*. Madri: Del Prado.

NEUMANN, Erich (1990). *História da origem da consciência*. São Paulo: Cultrix.

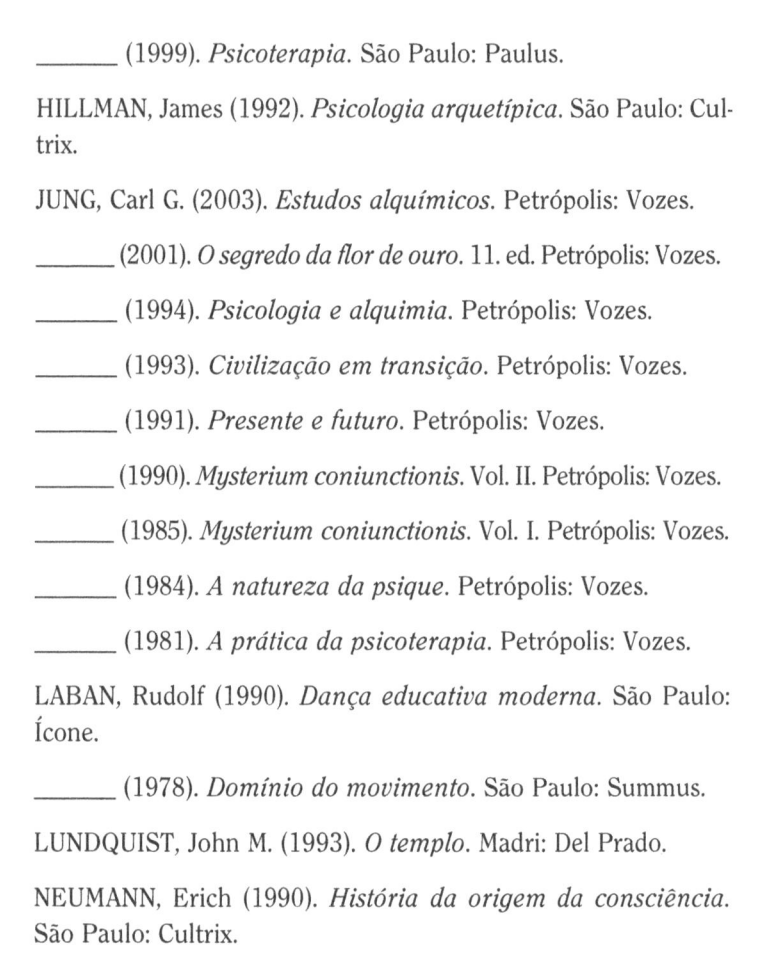

2 A dança da alma – A dança e o sagrado: um gesto no caminho da individuação

*Lilian Wurzba**

A história da dança mostra que ela está presente desde os primórdios até nossos dias e que originalmente todas as danças eram sagradas. Teria a dança perdido seu caráter sagrado? Mas, se o perdeu, o que faz com que a dança atravesse os milênios, acompanhando as transformações pelas quais passou a humanidade? A dança ainda comportaria um caráter ritual? Existe diferença entre a dança do homem primitivo, um homem religioso por definição, e a dança do homem moderno, supostamente a-religioso?

Essas questões não encontram respostas nas pesquisas atuais, que têm apontado a dança como uma técnica, como arte, explicitando suas características plásticas, sensíveis, rítmicas e estéticas, como uma forma de liberação do corpo reprimido ou, ainda, como uma linguagem para dizer o indizível. Há também concepções e teorias elaboradas sobre a dança que a consideram do ponto de vista filosófico, bem como religioso. Entretanto, este último destaca exclusivamente o uso da dança no culto, discutindo seu caráter sagrado totalmente apartado da vida humana comum.

---

* Psicóloga, mestre em Ciências da Religião e doutoranda em Ciências da Religião pela PUC-SP.

Todavia, a experiência promovida pela dança sugere não se tratar somente de uma performance, da beleza estética ou de uma linguagem, mas da busca de uma completude na qual, juntos, corpo e alma parecem atuar com um mesmo objetivo: a busca da totalidade. E é neste sentido que a presente reflexão se desenvolve: discutir a possibilidade de revelação do corpo como espaço onde o sagrado habita de forma singular. Para tanto, a relação dança, corpo e o sagrado será tematizada tomando como base as categorias de análise da psicologia analítica de Carl Gustav Jung (1875-1961), destacando a questão do significado da dança e sua contribuição no desenvolvimento do homem que busca encontrar a sua integridade essencial, tornando-se aquilo que é, em sintonia com a sacralidade de sua experiência interior. Essa busca pode ser compreendida, ainda, a partir das considerações de Mircea Eliade (1907-1986), historiador das religiões, sobre os modos de ser no mundo, que também nos auxiliará na reflexão sobre a dança como um símbolo da vida.

Algumas definições como forma de acesso à complexidade do tema:

O *Dicionário Houaiss da Língua Portuguesa* (2002) define dança como "conjunto organizado de movimentos ritmados do corpo, acompanhados por música", e dançar como "movimentar o corpo com intenção artística, obedecendo a um determinado ritmo musical, ou como forma de expressão subjetiva ou dramática", ou "executar um movimento corporal ritmadamente", ou, ainda, "ir de um lado a outro desordenadamente, balançar, oscilar". Mas essa definição não incluiria outras atividades do corpo como andar, remar, pedalar, por exemplo? Pois todas essas atividades são movimentos dentro de um determinado ritmo.

A relação entre a dança e a música, como se a primeira dependesse da segunda, como se a dança fosse uma interpretação de uma partitura encontramos, também, na concepção de alguns autores modernos como Albert Cozanet, conhecido como Jean D'Udine, crítico de música, que afirmou que "Toda música é dança – toda melodia, apenas uma série de atitudes, poses" (apud LANGER, 1980: 178). Da mesma maneira, Émile Jacques Dalcroze (1865-1950), educador e músico suíço, idealizador de um método – cujos princípios eram: o desenvolvimento do sentido musical passa pelo corpo inteiro; o despertar do instinto motor conscientiza as noções de ordem e equilíbrio; a ampliação da faculdade imaginativa se faz por livre troca e íntima união entre o pensamento e o movimento corporal (PORTINARI, 1989: 135) – que influenciou a dança moderna, depositava na música, no sentido musical, o princípio da dança. Sabe-se, porém, que Nijinsky, considerado como um gênio da dança, não obteve sucesso com a "interpretação" da música de Stravinsky, em Le Sacre du Printemps.

Etimologicamente, o termo dança origina-se do francês *danse, danser*, por volta de 1170. *Danser*, por sua vez, parece derivar do alemão dansön, "tirar", "puxar", numa referência ao dançarino que é puxado para participar da dança de círculo. Pode, ainda, ter-se originado de *dintjan*, que na língua dos francos significa "mover-se de um lado a outro". Contudo, não se pode dizer que a dança tenha nascido no século XII. Ela está presente em cada cultura do mundo, em todas as épocas, ainda que tenha assumido formas diversas. Apesar de nos ser familiar, o vocábulo pode assumir múltiplos significados, dependendo do contexto, pois o sentido só é adquirido através da experiência vivida. Lancemos, então, um olhar sobre as palavras empregadas para designar dança e poderemos observar a complexidade que o tema envolve.

No Egito, o termo *hbj* designa, ao mesmo tempo, dançar e estar contente. Essa palavra aparece no interior das pirâmides junto às figuras de Hathor, a deusa mãe, aquela que auxilia as mulheres durante o parto e é patrona da dança, e de Bes, deus anão, originário da Níbia, considerado como o inventor da dança (PORTINARI, 1989: 20).

Nos primeiros escritos da tradição cristã, a palavra grega χορός (*chorós*), que deriva de χαρά (*chará*), alegria, foi traduzida por dança. Encontramos no Antigo Testamento, entre outras passagens:

> Maria, a profetisa, irmã de Aarão, tomou na mão um tamborim, e todas as mulheres a seguiram com tamborins, formando coros de dança (Ex 15,20).
>
> Davi e toda a casa de Israel dançavam, com todas as suas
> energias, cantando ao som de cítaras, das harpas, dos tamborins, dos pandeiros e címbalos (2Sm 6,15).
>
> Louvem seu nome com danças,
> toquem para ele cítara e tambor! (Sl 149,3).

Em aramaico, língua que Jesus falou e na qual se assentam as escrituras cristãs, dançar e regozijar-se são expressos pela mesma palavra. Em Lucas, Jesus reconheceu a dança como um significado normal de expressão de alegria, de regozijo, de congratulação. Assim também aparece na volta do filho pródigo, quando a comemoração se dá pelo renascimento do filho: "Seu filho mais velho estava no campo. Quando voltava, já perto de casa ouviu músicas e danças" (Lc 15,25).

Em outras línguas também encontramos um termo que serve para designar dança, ao mesmo tempo que pode adquirir outro significado, como para os mixteques do México que utilizam o termo *kata/sita* tanto para "cantar" como para "dançar", pois eles definem dança como "o canto dos pés". Já para os japoneses não há um termo para dança, pois a referência é feita ao movimento executado por determinada parte do corpo. Assim, *odori* é uma forma de dança rápida cujos movimentos principais são os realizados pelos pés, enquanto *mai* é uma espécie de dança lenta na qual os movimentos das mãos são fundamentais. Alguns aborígenes australianos empregam a palavra *bongol* para significar música e dança, porém certos movimentos de outras cerimônias não se incluem no termo (BOILÈS, 1995: 295-303).

As palavras *dreskan* em alemão, *tresch* em inglês e *tresche* em francês denotam danças caracterizadas pelo pisar rítmico. Outra palavra alemã, *salzôn*, com sua correspondente anglo-saxônica *sealtjan*, provenientes do latim *saltare* não devem ser traduzidas por saltar, pois no latim clássico *saltare* designava a dança dos sacerdotes de Marte, que muito pouco tinha a ver com dança de saltos. A palavra gótica *plinsjan*, oriunda do eslavo *plesjati*, é traduzida por dançar, saltar e dançar em círculo (SACHS, 1944: 262). Para Cunha (1982), dança deriva do alemão *tanzen*. E, segundo Garaudy (1994: 14), a raiz da palavra dança está em *tan*, que em sânscrito significa "tensão", porém não esclareceu o que isso quer dizer.

O termo tensão poderia ser considerado, aqui, enquanto referindo-se ao músculo tensor que serve para fazer a extensão de qualquer órgão ou membro do corpo, ou como é usado na física como força elástica, ou, ainda, como diferença de potencial. De qualquer maneira, estamos diante de um jogo de opostos e de complementaridades, no qual, enquanto um músculo se estende outro se contrai; para que um corpo seja considerado perfeitamente elástico deve ser capaz de se deformar (estender-se) em função de uma força a ele aplicada e de retomar (contrair-se) ao seu estado original depois da remoção desta força; e é a diferença de potencial que permite o deslocamento de cargas elétricas entre duas posições.

Podemos dizer, dessa forma, que a essência da dança seria o movimento como produto da tensão dos músculos, como algo que possibilita o deslocamento no espaço. Isso talvez explique o fato de a encontrarmos, na maioria dos dicionários, associada a saltos, passos cadenciados, movimentos realizados de acordo como determinado ritmo.

Diante dessa diversidade de definições, Boilès (1995) concluiu que a concepção de dança está associada com o tipo de cultura e, dado a não compatibilidade entre as várias culturas, é preciso retirar qualquer influência de uma interpretação cultural ao classificar um fenômeno cinestésico como dança. Assim, ele propôs utilizar os quatro aspectos da organização do tempo real: o tempo cinético, definido como a duração do movimento cuja unidade de medida é o próprio movimento; o tempo rítmico ou de medida, composto de unidades arbitrárias com base metronômica; o tempo programado de execução, que diz respeito ao movimento cerimonial, formal ou ritual, que se adapta a uma ordem estabelecida; e o tempo narrativo, no qual o movimento do discurso é executado. Assim, enquanto a organização temporal do teatro envolve o tempo programado de execução e o tempo narrativo, o trabalho se desenvolve no tempo rítmico; já o atletismo é organizado exclusivamente no tempo cinético, e a conversação no narrativo.

De acordo com esta definição, na dança o movimento é organizado segundo os quatro tipos de organização do tempo real. Continuamos, portanto, com o movimento sendo o fundamento da dança. Não que o movimento não seja real na dança, mas nem o movimento, nem o ritmo são suficientes para criar uma dança. Embora tempo e espaço estejam presentes na dança, não se trata do tempo real e do espaço conhecido. O homem quando dança sai do tempo cotidiano para penetrar no vazio, onde não há tempo, bem como abandona o seu espaço para chegar ao infinito. Quando assistimos a um grupo que dança, o que vemos não são pessoas correndo de um lado a outro, ou saltando, mas sim uma dança que reúne e espalha, estende e contrai, eleva e abaixa, e, acima de tudo, emociona. Os movimentos já não são realizados pelas pessoas, mas parecem emergir de poderes além delas.

Sachs (1944), que pesquisou diferentes povos e culturas, definiu a dança como a "mãe das artes", pois enquanto a música e a poesia têm existência no tempo, a pintura e a escultura existem no espaço, a dança se desenvolve no tempo e no espaço. Na dança, "criador e criatura, artista e obra, nela são uma coisa única e idêntica". Mas advertiu que o vocábulo arte não expressa bem esta ideia, pois o homem, antes de empregar qualquer substância, bem como a palavra para manifestar suas experiências interiores, cria em seu corpo, na dança, desenhos rítmicos do movimento, a representação do mundo visto e imaginado e o sentido plástico do espaço. Para ele, a dança é uma "manifestação espontânea do ser humano", podendo ser individual ou coletiva, figurativa ou abstrata. Chamou de dança figurativa aquela na qual a essência das coisas adere ao que pode ser percebido, à forma e ao movimento. Portanto, basta reproduzir, na dança, a vitória na guerra ou a boa caça, por exemplo, para que o homem primitivo assegure-se de sua consecução, para dominá-los. O objetivo da dança abstrata é alcançar um estado extático no qual o dançarino transcenda a ordem humana e física, abandonando seu próprio eu para conquistar o poder de participar dos acontecimentos do mundo. Teria a dança, então, uma intenção artística?

Os gregos acreditavam que a dança era a arte que mais influenciava a alma humana, pois revelava um significado vital. A dança é a expressão de percepções para as quais não existem palavras. Para Margaret Taylor (1993: 15-16), a dança é uma expressão natural da vida humana desde os primórdios de todas as civilizações, culturas e religiões: "a dança é o movimento num ritmo com um padrão de expressão".

Garaudy (1994), filósofo francês do século XX, apontou que "dançar é, antes de tudo, estabelecer uma relação ativa entre o homem e a natureza, é participar do movimento cósmico e do domínio sobre ele". Por isso, nas sociedades agrícolas e até mesmo na China do primeiro milênio antes de Cristo, o homem dançava acreditando poder, desta forma, atrair a chuva, importante para uma boa colheita. Os tarahumaras do México dançam a noite inteira para abençoar os homens que estão trabalhando no campo.

Na dança o homem alcança um estado que não é passível de ser descrito por palavras; não se trata apenas de uma sequência de movimentos executados por um corpo, mas algo mais amplo, cujas dimensões são indefiníveis. É como se o homem fosse transportado para fora da realidade cotidiana, transformado numa besta ou num deus. Os nômades do Deserto de Kalahari, por exemplo, durante a Guerra dos Boers, foram metralhados enquanto dançavam à luz da lua. Os nestinaris da Bulgária e os luiseños da Califórnia pisam sobre brasas ardentes com os pés descalços sem se queimar, durante uma dança do fogo. Os kriss de Bali ferem-se numa dança guerreira com suas espadas e sequer sangram (SACHS, 1944: 62-63).

A tentativa de entendimento da dança, de sua natureza, a partir das palavras empregadas para designá-la, parece não ter resultados apreciáveis. Há muita confusão com relação ao que é dança. Contudo, o reconhecimento intuitivo da dança é natural, ainda que as teorias existentes desviem o olhar do observador na medida em que apontam o aspecto mecânico, enquanto movimento, ou o musical, na forma de ritmo ou, ainda, como linguagem, buscando histórias que seriam contadas através da música. Neste sentido, alguns concebem a dança como uma interpretação da música, como já citado anteriormente; outros veem na pantomima a base da dança como se, por meio desta, um enredo fosse transmitido sem o uso da palavra, recorrendo-se a movimentos expressivos. Mas isso é mímica: movimentos que representam uma realidade conhecida, um gesto descritivo. Na dança, o gesto é projetivo, isto é, refere-se a uma experiência que ultrapassa a realidade conhecida e, por isto, não pode ser reduzida a palavras. Como disse Ted Shawn, bailarino e coreógrafo americano do século XX, "através da dança não se diz, mas se é" (apud GARAUDY, 1994: 73).

Da mesma forma, Mary Wigman, um dos expoentes da dança moderna, afirmou que a dança não é uma interpretação da música (ela inclusive coreografou sem música), nem tampouco conta uma história, mas antes concentra em símbolo ou mito aquilo que está nascendo (cf. LANGER, 1980: 193).

Então, o que é a dança, afinal? É a expressão de sentimentos, de emoções? É a interpretação de uma música? É um movimento rítmico? É um símbolo? Para tentar responder a estas questões vamos fazer um breve percurso, por isso geral, sobre a história da dança, com o objetivo de verificar de que maneira ela se estruturou ao longo dos tempos.

Aspectos históricos

A dança é contemporânea da humanidade; está presente em todas as épocas e culturas, desde as mais primitivas até nossos dias. Embora seja difícil precisar seu início, a dança está presente desde os primórdios de todas as civilizações, culturas e religiões. A imagem mais antiga, datada provavelmente de 8300 a.C., foi descoberta na caverna de Cogul, província espanhola da Lérida (PORTINARI, 1989: 17).

Eliade (1983: 36) apontou que a pintura encontrada na gruta "Três Irmãos", que representa um dançarino, com máscara de bisão, tocando um instrumento que poderia ser uma flauta, é do Período Paleolítico e que, deste período, são conhecidas cerca de 55 representações de homens em postura de dança. Mesmo levando em consideração a dificuldade de se interpretar as imagens paleolíticas como representações de danças, como nos advertiu Sachs (1944: 220), podemos recorrer às observações de grupos étnicos que conservam características semelhantes às culturas da Idade da Pedra. Assim, entre outros, os bosquímanos da África, bem como os kurnais da Austrália, ambos povos caçadores, apresentam uma dança circular muito próxima das pinturas paleolíticas. Portanto, podemos inferir que a dança está presente na cultura paleolítica, a primeira etapa perceptível da civilização humana.

Não há povo sem dança; sua aparente ausência deve-se ao fato de que para alguns povos a dança tem um caráter tão sagrado que não pode ser exibida frente a pessoas estranhas. No início dos tempos, o mundo apresentava-se incompreensível para o homem; os mistérios causavam-lhe medo e assombro. Independente de lugar e época, ele se confrontou com um poder que lhe era superior: no nascimento, na natureza, no céu, na doença, na morte. Dada a sua impotência e frente ao caos da experiência, o homem sentiu necessidade de transcender sua condição para estabelecer um vínculo com a fonte do poder e entender as leis que regem suas manifestações. De acordo com Wosien (1996: 8), para o homem primitivo as plantas, os animais, as estrelas, o céu, a terra e os homens estavam unidos numa única energia – o todo participava do todo. Dançar significava harmonizar-se com os poderes cósmicos.

Nas tribos de caçadores, o homem dançava imitando os movimentos do animal que seria sua presa, pois acreditava que assim obteria a força necessária para capturá-lo. Os povos caçadores dançavam para atrair a presa, adquirir sua força, aumentar o número de animais comestíveis ou ainda para se apropriar do poder mágico de que eram revestidos alguns animais, como controlar a chuva ou a luz do sol.

Quando o homem fixou-se à terra e teve início a agricultura, o conhecimento dos ritmos da natureza tornou-se vital. Os rituais de fertilidade, que têm origem neste tipo de sociedade, representavam uma forma de controlar as forças da natureza, fossem elas criativas ou destrutivas, através da simulação de seu ciclo, como pode ser observado, por exemplo, na dança lamaísta de Ano-Novo, na qual o homem celebra o grande ciclo da vida e da morte, comemorando o enterro do velho e o nascimento do novo. A dança adquiriu, então, um novo significado.

Para os povos agricultores, a dança estava relacionada com a fertilidade, com a iniciação, o xamanismo, principalmente no que se refere à cura dos doentes, à mitologia lunar e ao culto dos antepassados. A dança do agricultor estava associada ao ciclo de vida e de morte. Um tipo de dança deste período, por exemplo, é a dança do ventre, que perdura até hoje. Na sua origem, a dança do ventre era executada como parte dos rituais de fertilidade que estavam relacionados ao ciclo da lua, ao sangramento mensal das mulheres e às dores do parto, considerados o elo de ligação do mistério sagrado da vida e da morte. Com este mesmo sentido, as índias Canela e Gê do Brasil pintam o corpo com círculos coloridos para executá-las na primeira noite de lua cheia (cf. PORTINARI, 1989: 19).

Nas civilizações da Antiguidade, a dança permaneceu como parte do rito, tendo um caráter sagrado. No Egito Antigo, cerca de 6000 anos antes de Cristo, a dança celeste dos astros era a imagem da ordem da natureza e, quando a madrugada chegava e os astros se apagavam, o homem, angustiado por não ver mais aquela imagem, iniciava a dança da estrela da manhã. Acreditava, desta forma, que poderia manter a ordem celeste e ensinar aos seus filhos, através dos movimentos dos planetas, as leis que possibilitavam prever as cheias do Nilo, tornando-as fecundantes e não destrutivas.

Da mesma maneira, era celebrado o deus Osíris, cujo principal centro de culto era Abydos. Todos os anos, dançava-se os mistérios de Osíris, o deus da vegetação, que ensinou a agricultura aos homens, com o objetivo de garantir boa colheita. Osíris, filho de Geb, a terra, e Nut, o céu, juntamente com sua irmã-esposa Ísis e seu filho Hórus, formavam a trindade básica da religião egípcia. Foi morto por seu irmão Set, que o desmembrou em quatorze pedaços. Apesar de Ísis ter-lhe juntado as partes e lhe devolvido a vida, Osíris preferiu continuar reinando no mundo subterrâneo, deixando seu filho Hórus no governo do mundo dos vivos. Assim, Osíris ficou associado à vida eterna, representando o princípio cósmico e individual que há em todo ser humano. Dançar em honra a Osíris significava, então, celebrar a vida, o renascimento, a imortalidade.

Na Grécia, a origem da dança está associada ao nascimento de Zeus. Conta-se que, para evitar que o filho fosse engolido por seu pai Cronos, Reia refugiou-se na Ilha de Creta e deu à luz o caçula Zeus. Para protegê-lo, Reia o entregou aos cuidados dos curetes e das ninfas. Para abafar o choro do recém-nascido os curetes celebraram uma dança armada. Segundo Brandão (1993: 333), a dança desses demônios – e Zeus é cognominado "o maior dos curetes" – é um rito de fertilidade.

Ainda na Grécia são conhecidas as danças para honrar Apolo, deus da medicina, que originariamente eram danças contra a doença e a morte. Como patrono da beleza e da arte, Apolo aparece com sua lira cercado pelas nove musas, sendo uma delas Terpsícore, a musa da dança. Esta figura assemelha-se àquela encontrada milênios antes na caverna de Cogul, Espanha. No livro XVIII da *Ilíada*, Homero descreve uma dança de jovens. Essa descrição deu lugar a diferentes interpretações. Alguns historiadores disseram tratar-se de uma dança cósmica; outros a associaram a geranos, descrita por Plutarco no primeiro século da era cristã. Vincula-se a Teseu que, depois de matar o Minotauro em Creta, vai para Delos, onde executa uma dança, simulando o percurso dentro do labirinto, com os jovens recém-libertados (cf. PORTINARI, 1989: 25; SACHS, 1944: 250).

Todavia, o deus que está mais envolvido com a dança é Dioniso. Deus do êxtase e do entusiasmo, está relacionado também à vegetação e à fertilidade. A dança em sua honra é muito semelhante à dança que celebrava o deus Osíris: ao centro, aquele que personificando o deus sofre com a vegetação, adoece e morre, ressuscitando depois para uma nova vida. Seus adoradores dançavam, participando do cumprimento de seu destino, sofrendo e alegrando-se com o deus.

O homem imita as características da divindade na dança, numa tentativa de identificação a ela. Desta forma, transforma-se no deus, ou melhor, o homem torna-se uno com a divindade, como se sentiam, por exemplo, os adoradores de Dioniso quando celebravam a união com o deus do êxtase e do entusiasmo.

Êxtase, do grego, *ékstasis*, significa sair de si, enquanto entusiasmo, do grego *enthusiasmós*, é ter um deus dentro de si, ou seja, quando o homem dança em honra ao seu deus, é como se abandonasse a si próprio para que o deus o possuísse, significando, assim, uma coparticipação com a divindade (BRANDÃO, 1992: 136). Podemos pensar, então, que a dança possibilita a presença do deus, fazendo com que o homem, dessa maneira, sinta-se potente e unido a ele. Conforme Wosien (1996: 9), "a imitação de Deus põe em funcionamento a alquimia, segundo a qual o temor se transmuta em êxtase". De acordo com a filosofia hermética:

> Se não podes equiparar-te a Deus,
> Não o podes conhecer,
> Porque o igual conhece a seu igual (p. 9).

Na Roma antiga, a dança mais conhecida é a dos sacerdotes que guardavam os escudos do deus Marte, denominados Salii, que dançavam duas vezes por ano com o objetivo de afastar os espíritos daninhos. Os romanos também dançavam para honrar Saturno, nas festas conhecidas como Saturnais, invocando a proteção deste deus para que as sementes plantadas não fossem destruídas pelo frio. Eram realizadas entre 21 e 25 de dezembro. Posteriormente, os cristãos passaram a celebrar o nascimento de Jesus nesta época em associação ao *solstitium*, o nascimento do Solis Invictus. Igualmente dançavam em honra a Lupercus, deus da fertilidade, nas chamadas Lupercais.

A dança romana ficou marcada pela pantomima, que consistia essencialmente em transmitir um enredo sem o uso da palavra, apenas através da expressão corporal. Para isso, usavam roupas bordadas com fio de ouro, ou o peito e as nádegas desnudas; maquilagem pesada ou máscaras; muitas vezes, capas esvoaçantes davam um efeito maior ao cenário. Com o advento do cristianismo, os excessos dos pantomimos foram julgados indecentes pelos padres, o que levou a pantomima à decadência.

Até o século V da era cristã, a dança foi considerada pela Igreja como um caminho natural de expressão de alegria, um caminho para a salvação e um caminho de adoração. Os primeiros cristãos expressaram, através da dança, sua profunda satisfação com a vinda de Cristo, com a imortalidade conseguida pelos mártires e com a união espiritual estreita entre céu e terra. Sua fé não era uma aceitação intelectual de certas crenças, mas uma experiência de vida abundante e de satisfação espiritual (TAYLOR, 1993: 19).

Na tradição judaico-cristã, apesar de haver poucos testemunhos, várias passagens bíblicas mostram a importância da dança e da música para a vida do povo. Alguns exemplos estão na Bíblia Sagrada, em 1Sm 29,5; 2Sm 6,14; Sl 150, 4; Jd 15,13; Jr 31,13.

No início da literatura cristã, nos Atos de João (apócrifos), encontramos um cântico de louvor que Jesus teria entoado antes de sua crucifixão, ao organizar uma dança de roda mística (ciranda) junto a seus discípulos:

> Quero ser salvo e quero salvar. Amém.
> Quero ser liberto e quero libertar. Amém.
> Quero ser ferido e quero ferir. Amém.
> Quero ser gerado e quero gerar. Amém.
> Quero comer e quero ser devorado. Amém.
> ....
> Quero ser pensado, eu, que sou todo pensamento. Amém.
> Quero ser lavado e quero lavar. Amém.
> ....
> A única oitava louva conosco. Amém.
> O duodenário dança lá em cima. Amém.
> ....
> Quem não dança não sabe o que acontece. Amém.
> ....
> Quero ser unido e quero unir. Amém.
> ....
> Sou uma lâmpada para ti que estás me vendo. Amém.
> Sou um espelho para ti, que me conheces. Amém.
> Sou uma porta para ti, que bates diante de mim, pedindo
> para entrar. Amém.
> Sou um caminho para ti, que és um peregrino. Amém.
> Mas quando continuares a minha ronda, contempla a ti
> mesmo em
> mim, que estou te falando

> Enquanto dançares, considera o que estou fazendo; vê
> que este
> sofrimento que eu quero sofrer é o teu (sofrimento), pois
> não
> compreenderias o que sofres, se meu pai não tivesse me
> enviado
> a ti como Palavra (Logos)...
>
> Se conhecesses o sofrimento, possuirias a impassibilidade.
> Conhece, pois, o sofrimento e terás a impassibilidade
> Reconhece em mim a Palavra da Sabedoria!
> (apud JUNG, 1991a: 73-74).

As rebeliões internas, bem como as constantes invasões e guerras, levaram o Império Romano ao declínio, gerando um clima de instabilidade no qual a autoridade civil foi substituída pela eclesiástica. Desta forma, a Igreja passou a interferir em todos os setores da vida pública. A dança foi, por um lado, tolerada pelo cristianismo triunfante e, por outro, condenada. Enquanto era considerada a mais nobre atividade dos anjos por São Basílio de Cesareia, padre capadócio do século IV, a dança era um pecado grave para Santo Agostinho, que viveu na mesma época (cf. PORTINARI, 1989: 51).

Mesmo com a proibição do bispo de Sevilha, no final do século VII, o povo enviou um grupo de dez coristas para dançarem para o papa. Depois da apresentação o papa disse: "Eu não vejo como esta dança de crianças pode ser ofensiva a Deus. Continuem dançando frente ao altar" (apud TAYLOR, 1993: 20). Durante os séculos VIII e IX, a dança como parte da liturgia se espalhou pela

Europa, estando presente no culto até o século XVI, quando o Concílio de Trento (1545-1563) ameaçou de excomunhão aqueles que dançassem nas igrejas ou nos cemitérios.

No período que vai do século XI ou XII ao século XVIII, período marcado pela guerra, morte, fome e peste, teve lugar o que ficou conhecido como dança macabra, que revelava o pavor do homem diante da morte. Desta mesma época são as danças curativas em honra ao Apóstolo João, Santo Antônio, Virgem Maria e São Vito. Este último tornou-se o santo protetor das pessoas que apresentavam doenças nervosas, e sua dança foi considerada como tendo um alto valor curativo (TAYLOR, 1993: 24).

Segundo Portinari (1989: 53), a dança macabra foi absorvida pelo teatro religioso medieval e levada para as igrejas, pois foram utilizadas para representar "a insanidade causada pelo pecado, o flagelo da peste enviado por Deus para que os homens se arrependessem".

Sachs (1944: 269) apresentou três motivos, que acreditava como responsáveis, para que a dança macabra tenha durado tanto tempo:

1) a ideia da união entre os vivos e os mortos na dança está presente em todas as civilizações que prestam culto aos antepassados;

2) a ideia de que a dança é um movimento peculiar aos mortos, que por sua vez origina-se na concepção de que todo movimento estranho a este mundo não é senão dança: as estrelas, os deuses, os espíritos, todos dançam;

3) a ideia de que a dança entre mortos e vivos pode ser um aviso da proximidade da morte e, consequentemente, de separação da vida. Ainda hoje, quase todas as religiões de transe se utilizam da dança em seus rituais.

É possível observar, por essas passagens, que o homem não dançou somente para alegrar-se, mas também nas situações de angústia, tristeza e medo, numa tentativa de alcançar algo que estivesse além dele, buscando um significado para sua condição.

Durante a Idade Média, as danças camponesas continuaram com seu aspecto ritual, embora consideradas, muitas vezes, como pagãs pela Igreja. Ao seu lado, surgiram as danças da corte que não são outra coisa senão as mesmas danças populares, porém com uma roupagem nova, mais requintada, aristocrática. A dança passou a ser profissional a partir do século XII quando trovadores, menestréis e jograis a introduziram na corte, acrescentando-lhe posturas, códigos nos movimentos e passos: nasciam os mestres de dança. Coincidência ou não, estes mestres de dança eram, em sua maioria, judeus, como, por exemplo, o Rabino Hacén ben Solomo que, em 1313, ensinou a execução de uma dança coral ao redor do altar para cristãos da Igreja de San Bartolomeo de Tauste, em Zaragoza (SACHS, 1944: 306). Lembremos que no Antigo Testamento, portanto no texto de origem judaica, encontramos 34 referências à dança, um número bem maior do que no Novo Testamento, no qual aparece apenas quatro vezes: em Mateus, Lucas e Marcos.

Foi só a partir do ensino profissional da dança que teve início sua teoria. O primeiro teórico que se tem notícia foi Domenichino de Piacenza, cujos trabalhos foram disseminados por seus seguidores tanto na forma oral quanto escrita. Dois de seus discípulos continuaram seu trabalho, contudo, de forma independente: Guglielmo Ebreo de Pesaro, que escreveu *De praticha seu arte tripudii vulghare opusculum*, e Antonio Cornazano, que publicou, em 1455, seu *Libro dell'arte del danzare*. Da mesma época desses trabalhos italianos existe um manuscrito de origem, ao mesmo tempo, francesa e holandesa: *Basses danses*, encontrado na Biblioteca Real de Bruxelas (SACHS, 1944: 307).

Com as transformações sociais e culturais do Renascimento, teve início, na Europa, o balé. Oriundo da Itália, no século XV, o balé teve seu centro de expansão deslocado para a França no século XVII, onde alcançou um rápido progresso técnico, principalmente a partir de Pierre Beauchamp, que codificou a dança, definindo as cinco posições dos pés e as regras. A perfeição técnica foi tornando-se um fim em si mesma. Em meados do século XIX, com o declínio na França, mais uma vez o balé mudou seu centro de expansão, indo para a Rússia, onde atingiu um alto grau de perfeição técnica com nomes como Petipa, Fokine, Pavlova, Nijinsky e Diaghilev. No final do século XIX, houve um rompimento com o academicismo e com os dogmas do balé clássico e a introdução do improviso e da espontaneidade nos pés descalços de Isadora Duncan, precursora da dança moderna.

O balé esteve, em seu início, muito próximo dos deuses e heróis da Antiguidade, bem como dos rituais dos povos primitivos, pois o que caracteriza o Renascimento, segundo os historiadores, é o culto ao clássico. Porém, essa proximidade estava apenas nos temas, pois, na realidade, o homem renascentista estava se afastando do divino, do mistério, na medida em que assumiu o centro do universo que anteriormente, na Idade Média, fora ocupado por Deus: foi o humanismo substituindo o teocentrismo. Desta forma, a dança foi perdendo seu sentido mágico e religioso para adquirir um caráter mais técnico. "O balé europeu já não se coloca a serviço de Deus e da natureza, mas ao de príncipes que ocupam o poder" (SACHS, 1944: 348). Ou seja, a dança já não serve à invocação e amor a Deus, nem mesmo à oração; as máscaras já não trazem a força daqueles que elas representam; em resumo, as composições dos mestres de dança já não têm conexão com seus antepassados, nem tampouco com o presente vivido, mas antes se converte numa representação mecânica, uma caricatura dos símbolos espirituais, em apenas alegorias vazias.

Como afirmou Isadora Duncan, o balé clássico era inimigo da natureza e da arte. Assim foi seu comentário ao assistir uma aula dada por Petipa, da Escola Imperial Russa: "todo aquele treinamento parecia ter como objetivo separar completamente os movimentos do corpo dos do espírito..." que era exatamente o contrário daquilo que ela buscava – uma dança "que fosse a expressão divina do espírito humano pelos movimentos do corpo" (apud GARAUDY, 1994: 66).

Todavia, o que observamos nas coreografias do século XX? De acordo com Adams (1993: 3-13), a dança do século XX tem estreitas conexões com as transformações das imagens bíblicas. Desde os pioneiros da dança moderna, no Ocidente, Ruth St. Denis e Ted Shawn, que introduziram temas religiosos em suas coreografias no início do século XX, tais como Ester e Êxodo, até a década de 1970, quando os motivos centrais foram a crucifixão de Jesus, o sacrifício de Isaac, além do mal exemplificado por Lúcifer de Martha Graham, as coreografias foram marcadas por temas como Davi, Caim e Abel, sonho de José, Jó, e ressurreição de Lázaro. Por que essa retomada de temas bíblicos?

Vimos, a partir deste breve histórico, que não há ocasião em que o homem prescinda da dança: no nascimento, na morte, na iniciação dos jovens, na caça, na guerra, no plantio, na colheita, na doença, para afastar espíritos malignos, para evocar os deuses, para atrair a energia dos astros, enfim, a dança está presente em todos os momentos solenes e de festividades da vida humana. Para os povos primitivos a dança era parte integrante do ritual, ou melhor, "todo ritual primitivo é dança" (WOSIEN, 1996: 13). Mas, mesmo passando por transformações ao longo do tempo, chegando a ser separada em dança sagrada e profana, ela continuou preservada nos cultos ocidentais (pelo menos até o século XVI), chegando aos nossos dias com coreografias que apresentam uma forte presença de temas religiosos, como foi mostrado acima. Seria possível afirmar, então, que toda dança é ritual?

A dança não só acompanhou o caminhar da história como também se transformou de acordo com a época, apresentando diferentes estilos. Porém, independente destes, parece que ela sempre serviu como um veículo de ligação do homem com o divino, com a natureza, com os príncipes, com o rei, ou seja, com um poder que está além dele. Nesta medida, a essência da dança não pode estar nos movimentos nela executados, ou no espaço no qual ela se desenvolve, ou no tempo da música que a acompanha, nem tampouco numa história que, supostamente através dela, estaria sendo contada. A natureza da dança deve ser outra.

Talvez o caminho deva ser seguido em sentido inverso; não partir da pergunta "o que é a dança?", isto é, o que a faz acontecer, mas sim do que acontece com ela, o que a promove. Acredito que a forma de entendimento da dança não passa por uma definição conceitual, nem pela descrição e reunião de seus elementos constituintes, mas antes pelo significado que ela é capaz de acessar.

A dança como símbolo

Susane Langer, em sua obra *Sentimento e forma*, propôs uma nova definição de dança que é particularmente interessante porque parte, não de seus elementos constituintes, mas da pergunta "o que é criado na dança?", e a tratou como uma forma simbólica. De acordo com sua teoria, a dança é uma arte independente, e, como tal, é "a criação de formas simbólicas do sentimento humano" (LANGER, 1980: 42). Considerou formas simbólicas não como abstrações vazias, mas como abstrações que têm conteúdo – seu "importe vital"; são imagens que, embora criadas a partir de objetos reais, como papel, tinta ou o próprio corpo, emergem repentinamente do processo de disposição destes objetos. Surge, então, uma nova aparência que ultrapassa o aspecto natural. Em outras palavras, embora estejam presentes um corpo ou corpos realizando movimentos, o ritmo, o espaço delimitado, o efeito de luzes, ou quaisquer outros elementos, o que aparece é a dança.

Langer (1980: 196) definiu a dança como "a criação e organização de uma esfera de poderes virtuais". Por poder virtual entendeu não um poder real, exercido fisicamente, mas uma aparência de influência, uma semelhança, uma ilusão. Como no sonho, por exemplo, onde embora a experiência possa ser tão vívida como qualquer realidade, os elementos que o constituem, como pessoas, sentimentos, acontecimentos, são virtuais.

De acordo com a autora, o que cria a esfera virtual de poder é o gesto. Não se trata aqui, porém, do gesto natural, aquele que usamos em nosso comportamento real, por exemplo, quando colocamos a mão no peito ao levarmos um susto; mas, de um gesto imaginado, um gesto realizado fora da situação que o engendrou – o gesto virtual. Assim, embora o movimento do dançarino seja real, o gesto é virtual, porque é controlado pelo sentimento imaginado e não por emoções reais. Ninguém poderia dizer que Pavlova, ao apresentar uma vida lentamente declinante em *Morte do cisne*, teria um melhor desempenho se estivesse realmente doente ou debilitada.

Um gesto é sempre um movimento expressivo; um gesto natural é um movimento realizado por um ser, um centro de força vital, para expressar um desejo, um sentimento, uma intenção, enfim, é sinal de sua volição. Portanto, para Langer, se o gesto virtual é ilusório, o "poder" (centro de força vital) que expressa é também ilusório. Dessa maneira, o que é imaginado, o que é ilusório na dança pertence à forma simbólica, ao gesto virtual, mas o que é expressado, o sentimento da obra inteira, é o "significado" do símbolo, a realidade que o artista encontrou no mundo e da qual ele quer dar a seu próximo uma clara concepção [porque] o importe de um símbolo não é algo ilusório, mas algo real que é revelado, articulado, tornado manifesto pelo símbolo (LANGER, 1980: 190).

Quanto à questão inicial, Langer (1980: 203) respondeu que, na dança, "o que é criado é a imagem de um mundo de forças vitais, incorporadas ou desincorporadas".

Partindo desta definição, a origem e a história da dança, com seus diferentes estilos e fases, bem como sua relação com a religião, tornam-se claras. Para o homem primitivo, o mundo é constituído de forças, de poderes que lhe são estranhos, os quais ele concebe como divinos – forças positivas ou negativas, construtivas ou destrutivas, benignas ou malignas –, é o reino do sagrado. O primeiro reconhecimento desses poderes ele tem em seu próprio corpo e os expressa através de uma atividade corporal, pois seu corpo é a sua experiência mais imediata – tem início a dança. Como a mente primitiva caracteriza-se pela unidade, isto é, "os limites entre as diferentes esferas não são barreiras insuperáveis, são fluentes e flutuantes" (CASSIRER, 1997: 136), ao dançar o homem sente-se como parte desse mundo: penetra no reino do sagrado.

Mesmo em fases posteriores, quando a dança já não faz parte do culto nem da magia, ainda possui um efeito mágico: cria a imagem de poderes, que, de certa forma, ainda é a imagem do mundo. A esse respeito, diz Martha Graham (1993), *magna mater* da dança moderna: "Eu creio que a dança sempre exerceu uma atração mágica porque ela é o símbolo do ato de viver".

O que explica então a popularidade da dança e a sua presença desde os primórdios da humanidade até nossos dias, segundo

Langer, é sua função extática, isto é, o sentimento que o dançarino tem de entrar no reino do poder virtual, que para a mente primitiva é o reino do sagrado, para a mente secular é o mundo do romance, e para o psicólogo é "o mundo infantil de reações espontâneas, irresponsáveis, desejos de potência, liberdade – o mundo dos sonhos" (LANGER, 1980: 211). E, poderíamos acrescentar, para a psicologia junguiana é a dimensão mais profunda da psique. Até mesmo o balé clássico, criticado por muitos, é essencialmente criativo, pois produz a ilusão de libertação de forças reais que controlam o próprio corpo, de conquista da gravidade.

Por outro lado, o reconhecimento da função extática da dança, isto é, a passagem do real para o virtual, nos remete ao pensamento mítico, para o qual não há uma barreira intransponível entre o mundo real e o mundo do sagrado. É a "consciência mítica" de Cassirer, que Langer (1980: 195) apontou como "estruturalmente o mesmo que consciência artística".

Ao contrário do pensamento científico, que se preocupa com a descrição dos fenômenos da natureza e com as leis que os regem, o pensamento mítico, de acordo com Cassirer (1997: 121-179), caracteriza-se não pela classificação das coisas, mas pela unidade, isto é, ele concebe a natureza e a vida a partir do sentimento de solidariedade da vida, onde não há diferenciação entre os seres vivos – homens, animais e plantas estão todos no mesmo nível, formam uma grande sociedade. Desta forma, é possível compreender por que Confúcio, na China do século VI, dizia: "Mostrem-me como dança um povo e eu lhes direi se sua civilização tem boa saúde" (apud GARAUDY, 1994: 20); ou, ainda, quando o africano dança para captar a força sobrenatural que tem origem no ritmo da coletividade. Para ele, o que o homem dança é sua tribo, seus costumes, sua religião, os grandes ritmos humanos do grupo.

O pensamento mítico é antes uma percepção, pois o que o caracteriza são as qualidades emocionais. Neste sentido, Cassirer disse que no mito encontramos tanto um elemento teórico como um de criação artística. Em suas palavras:

> O verdadeiro substrato do mito não é um substrato de pensamento, mas de sentimento [...] Se o pensamento científico pretende descrever e explicar a realidade, é forçado a usar seu método geral, que é o da classificação e da sistematização [...] Mas a mente primitiva as ignora e rejeita. Sua visão da vida é sintética, e não analítica [...] Os limites entre as diferentes esferas não são barreiras insuperáveis; são fluentes e flutuantes [...] Por uma súbita metamorfose, tudo pode ser transformado em tudo (CASSIRER, 1997: 135-136).

Se, em termos estruturais, consciência artística e mítica se assemelham, então a dança, enquanto arte, tem a mesma estrutura do mito. Entretanto, se o pensamento mítico é próprio do homem arcaico e a dança não faz parte só do mundo primitivo, então deve haver algo que, sendo consubstancial à condição humana, permita a transmissão desta estrutura. Ou, em outras palavras, o homem moderno conserva um elemento mítico.

O mito, de acordo com Eliade, não é uma criação infantil da humanidade primitiva; podemos encontrá-lo em toda a parte, inclusive nas sociedades modernas, pois, embora possa mudar de aspecto, sua função permanece a mesma, qual seja, a reatualização contínua do Grande Tempo. Em suas palavras:

> O mito é uma história verdadeira que se passou no começo dos tempos e que serve de modelo aos comportamentos humanos. Imitando os atos exemplares de um deus ou de um herói mítico, o homem das sociedades arcaicas destaca-se do tempo profa-

no e adere magnificentemente ao Grande Tempo, ao tempo sagrado (ELIADE, 1989, 15).

Na dança não é diferente; ela, como o mito, "transporta" o homem para uma "outra dimensão". Podemos observar isto, por exemplo, quando o homem primitivo executa a dança de círculo – o Reigen: ele penetra no mundo de seus ancestrais, num mundo sagrado. Na realidade, ele não se sente representando este mundo, sente-se como participante dele. Esse mesmo aspecto pode ser observado, também, na dança moderna, quando Martha Graham (1993: 109) disse que:

> A dança tem sua origem no rito, esta eterna aspiração à imortalidade. O rito nasceu, fundamentalmente, do desejo de conseguir a união com os seres que poderiam conceder a imortalidade ao homem. Hoje, praticamos um rito de outro gênero, apesar da sombra que pesa sobre o mundo, pois buscamos uma imortalidade de um outro tipo – a grandeza potencial do homem.

Buscar a imortalidade é análogo ao desejo de alcançar o Grande Tempo, isto é, tanto no mito quanto na dança, o tempo é intemporal, por mais paradoxal que isso possa parecer. Este tempo, um tempo sem duração, é o que certos filósofos concebem como a eternidade. Considerando esse aspecto da dança nos deparamos com uma significação religiosa, no sentido que Jung definiu religião:

> Religião é – como diz o vocábulo latino *religere* – uma acurada e conscienciosa observação daquilo que Rudolf Otto acertadamente chamou de "numinoso", isto é, uma existência ou um efeito dinâmico não causados por um ato arbitrário. Pelo contrário, o efeito se apodera e domina o sujeito humano, mais vítima do que seu criador (JUNG, 1995: 8).

Em outras palavras, para Jung religião é uma atitude do espírito humano que consiste em observar e levar em conta aqueles fatores que poderíamos chamar de "potências": espíritos, demônios, deuses, leis, ideias, ou qualquer outro nome dado a tais fatores. A dança representa, então, uma possibilidade de vivência do "numinoso". Assim, podemos considerá-la como um símbolo, pois, como nos diz Verena Kast (1998: 19), "em algo externo pode-se revelar algo interno, em algo visível algo invisível, em algo corporal o espiritual, no particular o geral". O homem, quando dança, pode acessar conteúdos da camada mais profunda da psique. De maneira semelhante, Eliade (1996a: 8) apontou que

> [...] o símbolo revela certos aspectos da realidade – os mais profundos, que desafiam qualquer outro meio de conhecimento. As imagens, os símbolos e os mitos não são criações irresponsáveis da psique; elas respondem a uma necessidade e preenchem uma função: revelar as mais secretas modalidades do ser.

Do ponto de vista da psicologia analítica, símbolo é um termo ou uma imagem que, embora nos seja familiar, nos remete a algo além de seu significado evidente ou convencional. Portanto, a distinção entre símbolo e sinal é rígida:

Toda concepção que explica a expressão simbólica como analogia ou designação abreviada de algo conhecido é semiótica. Uma concepção que explica a expressão simbólica como a melhor formulação possível, de algo relativamente desconhecido, não podendo, por isso mesmo, ser mais clara ou característica, é simbólica. Uma concepção que explica a expressão simbólica como paráfrase ou transformação proposital de algo conhecido é alegórica (JUNG, 1991b: 444).

Cassirer (1997) também faz essa diferenciação, pois para ele sinal e símbolo pertencem a universos distintos: enquanto o primeiro pertence ao mundo físico, o segundo é parte do mundo humano do significado. O que podemos complementar com a ideia de Jung (1990a: 46): "os símbolos, sob a forma abstrata, são ideias religiosas, enquanto sob a forma de ação são ritos ou cerimônias".

Os símbolos, como nos diz Jung, são sempre a melhor expressão possível de algo desconhecido, do intuído, do não sabido; incluem o que foi, o que é e o que poderá ainda vir a ser. Aparecem como representações da psique; são projeções de todos os aspectos da natureza humana. Expressam não somente a sabedoria humana acumulada, como também representam os seus níveis de desenvolvimento, além de manifestarem as possibilidades futuras. Podem referir-se a conteúdos essenciais da psique ou expressar verdades eternas que, embora passando por processos de transformação e atualização, guardam sua numinosidade original; são as imagens coletivas que despertam emoções profundas, encontradas na arte, nos mitos e nas religiões.

Penso que se a dança for considerada a partir de seus elementos constituintes, sua importância fica limitada a delinear e descrever uma gama variada de movimentos, tipos de expressão e formas de manifestações típicas de um dado momento histórico ou de um determinado contexto social. Vimos, entretanto, que a dança não se resume a um arranjo dos elementos que dela possam fazer parte; ela é muito mais do que isso. A dança retrata dimensões profundas do humano, cujo contato propicia a atualização do seu potencial através da experiência, imprimindo-lhe significado. Neste sentido, se for considerada como uma predisposição herdada (como parece ser) cuja manifestação ocorre de diversas formas, segundo o desenvolvimento dos grupos humanos, sua importância se amplia ao estudo do que há de comum no humano: ao estudo da espécie.

Ao dançar, o homem estabelece relação com a natureza, participa do movimento cósmico, liga-se a outros homens, a si mesmo, ao mistério, à essência da própria vida. Como a religião, a dança revela a visão de um mundo totalmente significante, o qualitativamente outro, no qual a existência individual adquire um sentido.

Quem dança o que alcança?

Acredito que nesta pergunta possamos encontrar uma chave para algumas possíveis reflexões acerca do significado da dança. Como vimos anteriormente, existem várias teorias sobre a dança, mas como em toda teoria, a análise isola seus elementos para deles abstrair conceitos. Entretanto, o que encontramos na dança é uma união de seus elementos numa totalidade indescritível. O espaço, o tempo (ritmo), os corpos em movimento, as luzes e os adereços, ou quaisquer outros elementos, embora presentes, parecem não mais existir, na medida em que dão lugar à dança. Uma dança é experienciada e reconhecida muito além de seus elementos constituintes. Toda dança nos remete a uma outra dimensão da existência, onde as condições espaciais e temporais adquirem novos significados. Dançar é sentir-se participante no mistério da existência. Não só vivenciar no corpo a sua finitude, mas, através dele, alcançar a liberdade, a sensação de se estar além de si mesmo, o abrir-se para uma multiplicidade de possibilidades. Neste sentido, o ponto de partida para nossas reflexões não está nos elementos presentes na dança, mas na pergunta quem dança?, ou seja, no ser que dança.

Mircea Eliade apontou que há duas modalidades de ser no mundo: o sagrado e o profano, que constituem "duas situações existenciais assumidas pelo homem ao longo de sua história" (ELIADE, 1996b: 20). Segundo o autor, o homem primitivo, bem como o homem das sociedades pré-modernas, é um homem religioso, pois procura viver o mais próximo possível do sagrado, que acredita ser a realidade por excelência, a fonte de vida e de fecundidade. Assinalou que o homem religioso considera o sagrado transcendente a este mundo, mas aqui se manifesta tornando-o real e santificado. Essa manifestação ocorre mediante rituais, nos quais o homem repete o ato exemplar dos deuses. Portanto, por meio de seu comportamento religioso, o homem contribui para a manutenção da santidade do mundo e se mantém, ele mesmo, no sagrado.

De acordo com Eliade, para os níveis arcaicos de cultura, o homem, o mundo e a vida são sagrados porque foram criados pelos deuses. Desta forma, a vida cósmica, enquanto obra divina, torna-se a imagem exemplar da vida humana. Como para o homem religioso, todos os comportamentos humanos foram fundados pelos deuses e heróis *in illo tempore*, todas as suas experiências vitais, tais como os atos fisiológicos, a alimentação, a sexualidade, o trabalho ou até mesmo o gesto aparentemente sem importância são experiências sagradas, isto é, têm um significado espiritual. Assim, existem muitas correspondências entre o homem e o universo. A relação sexual, a mais conhecida delas, foi assimilada à hierogamia Terra-Céu e à semeadura agrícola: a mulher "é" a terra que será semeada pelo sêmen através do trabalho agrícola, da união conjugal, o que deu origem aos rituais de fertilidade, cujas danças ainda podem ser encontradas em várias festas ditas pagãs. Há, ainda, outras correspondências: o olho corresponde ao Sol, ou os dois olhos ao Sol e à Lua, os ossos às pedras, o ventre à gruta, as veias e as artérias ao Sol e à Lua, os intestinos ao labirinto, a coluna vertebral ao *Axis mundi*, a respiração, o sopro aos ventos, entre outras (ELIADE, 1996b: 137-139). Em suma, no corpo humano a vida cósmica é reproduzida.

Eliade observou ainda que a vida do homem religioso se desenrola no plano da existência humana, ao mesmo tempo em que participa da vida do cosmos, do mundo. O homem religioso instala-se e se mantém junto aos deuses, isto é, no real e no significativo, na medida em que reatualiza a história sagrada, conservada nos mitos, através de seus rituais, imitando o comportamento divino. É importante ressaltar que, para o homem religioso, a imitação não é uma ideia ou uma reprodução mecânica de algum gesto, mas sim uma experiência vivida. O homem religioso não é dado, ele não nasce pronto, precisa fazer-se a si próprio, aproximando-se dos modelos divinos; ele chega à plenitude, a tornar-se verdadeiramente homem, através de uma série de ritos de passagem, isto é, por meio de sucessivas iniciações. Como diz Eliade (1996b: 89): "O homem só se torna verdadeiro homem conformando-se ao ensinamento dos mitos, imitando os deuses".

Os ritos de passagem constituem sempre numa iniciação, pois envolvem uma mudança não só no estatuto social como também no regime ontológico. Desta forma, a criança, que ao nascer é só um corpo físico, adquire o estatuto de vivo e torna-se membro da comunidade mediante os rituais, da mesma maneira que o neófito é introduzido na sociedade dos adultos. Por ocasião do casamento, o indivíduo passa para um outro grupo, o mesmo ocorrendo na morte. Todos estes momentos são de tensão e de crise; por isso, segundo Eliade (1996b: 150-151), são efetuados por um rito de passagem. É importante salientar que em todas essas ocasiões a dança está presente.

O homem primitivo evoca periodicamente, por meio de rituais, o acontecimento primordial que fundou a condição humana atual, isto é, ele reitera o acontecimento mítico, a "verdadeira história", a história da condição humana onde pode "reencontrar os princípios e os paradigmas de toda conduta" (ELIADE, 1996b: 90). Se a função dos mitos é fornecer os modelos exemplares de todos os rituais, bem como de todas as atividades humanas significativas, como a alimentação, a sexualidade, a educação, a função do homem é comportar-se de maneira responsável, imitando e repetindo os gestos exemplares dos deuses, mesmo que estes impliquem em sacrifícios sangrentos, como se observam em vários rituais de fertilidade. E esta função o homem primitivo cumpre dançando. Por isso, os canibais uitoto afirmam: "Nossas tradições estão sempre vivas entre nós, mesmo quando não dançamos; mas trabalhamos unicamente para podermos dançar" (ELIADE, 1996b: 91).

Um relato semelhante nos forneceu Campbell (1991, Introdução), que durante um congresso internacional sobre religião ocorrido no Japão, ouviu quando um outro delegado norte-americano, um filósofo social de Nova York, fez o seguinte comentário a um monge xintoísta: "Assistimos já um bom número de suas cerimônias e vimos alguns dos seus santuários. Mas não chego a perceber a sua ideologia. Não chego a perceber sua teologia". O japonês, depois de uma pausa e um pensamento profundo, respondeu: "Penso que não temos ideologia. Não temos teologia. Nós dançamos".

Se através dos rituais o homem religioso torna a vida real, isto é, plena de significado, ao mesmo tempo em que se torna, ele mesmo, homem, e todo ritual primitivo é dança, então poderíamos dizer que a dança é um meio pelo qual o homem religioso torna-se verdadeiramente homem. Como nos disse Eliade (1996b: 91): "As danças consistem na reiteração de todos os acontecimentos míticos".

A partir destas breves considerações não é difícil entender que nas sociedades primitivas, e mesmo nas pré-modernas, a dança tenha sido uma possibilidade de encontro do homem com o sagrado, ou melhor, que na dança o homem experiencie o sagrado, pois, para o homem religioso destas sociedades, o sagrado pode manifestar-se em quaisquer elementos, inclusive no corpo. Mas, e para as sociedades modernas, o que a dança representa?

O seguinte depoimento do antropólogo Colin Turnbull, que viveu com os pigmeus da floresta tropical de Ituri, na África Central, ainda que extenso, ilustra o significado da dança para o homem religioso e, ao mesmo tempo, a perplexidade do homem moderno, intelectualizado, diante da situação:

> Uma certa noite viverá para sempre comigo, porque acho que naquela noite aprendi até que ponto nós, civilizados, nos afastamos da realidade. A lua estava cheia, e por isso as danças tinham se estendido mais do que o habitual. Pouco antes de ir dormir, estava de pé do lado de fora da cabana, quando ouvi um ruído curioso que vinha do *bopi* (local onde as crianças brincavam), que era ali perto. Isso me surpreendeu, porque à noite os pigmeus não costumavam andar fora dos limites do acampamento principal. Fui até lá para ver do que se tratava.

Ali, na minúscula clareira, reluzente de prata, estava o requintado Kenge, adornado com vestimentas de casca de árvore, folhas e flores nos cabelos. Estava completamente só, dançando em círculos e cantando suavemente para si mesmo, enquanto seu olhar se perdia nas copas das árvores.

Acontece que Kenge era o maior namorador num raio de quilômetros ao redor, de modo que, depois de vê-lo dançar certo tempo, fui até a clareira e perguntei, sorrindo, por que estava dançando sozinho. Ele parou, lentamente se voltou e olhou-me como se eu fosse o maior idiota que ele já tivesse visto na vida; e estava evidente que minha ignorância o surpreendia por completo.

"Mas eu não estou dançando sozinho", respondeu. "Estou dançando com a floresta, com a lua." Depois, absolutamente indiferente à minha presença, continuou sua dança de amor e vida (apud WHITMONT, 1991: 117).

Este exemplo nos mostra o modo de ser no mundo assumido pelo homem civilizado que se afastou da realidade: o profano, o modo de ser do homem moderno a-religioso, que se reconhece como o único sujeito e agente da história e que, portanto, não aceita a transcendência, ou seja, qualquer modelo para o humano fora da condição humana, como apontou Eliade. Entretanto, argumentou ele, o homem profano, mesmo negando, conserva ainda vestígios dos comportamentos do homem religioso, de quem descende, embora tente esvaziá-los de seus significados religiosos.

De acordo com Eliade (1996b: 166), o homem a-religioso em seu estado puro é muito raro, pois mesmo aqueles que se declaram "sem religião" ainda se comportam de maneira religiosa, embora não estejam conscientes disso. O homem moderno, ainda que se sinta e se pretenda a-religioso, traz consigo uma mitologia camuflada, observada, por exemplo, nos festejos de Ano-Novo, nas festas de casamento e nascimento ou na obtenção de um novo emprego. Até mesmo nos motivos encontrados no cinema, como a luta entre o herói e o monstro, os combates e as provas iniciáticas, as imagens exemplares da paisagem paradisíaca ou da donzela, estão presentes. O autor assinalou, ainda, que a leitura também comporta uma função mitológica, pois não só substitui a narração oral dos mitos, mas, sobretudo, porque o homem moderno encontra na leitura uma "saída do Tempo" (ELIADE, 1996b: 167), semelhante à efetuada pelos mitos. Com relação a isto, Eliade (1989: 23) sublinhou que é exatamente na "atitude do moderno com respeito ao Tempo que se pode descobrir a camuflagem do seu comportamento mitológico". Disse ele que o homem moderno, por vezes, procura quebrar a homogeneidade do tempo, sair do presente para penetrar num tempo qualitativamente diferente daquele por ele criado no decorrer de sua história. E citou, como exemplos, além da leitura já mencionada, os espetáculos como as corridas, os encontros desportivos, cuja origem é ritual, o teatro e o cinema, todos tendo um ponto em comum: o tempo concentrado no qual se desenrolam; tempo este "de uma grande intensidade, resíduo ou sucedâneo do tempo mágico-religioso" (p. 23).

Os comportamentos religiosos camuflados ou degenerados podem ser encontrados, também, nas chamadas pequenas religiões, como seitas, igrejas e escolas pseudo-ocultistas ou neoespiritualistas, nos misticismos políticos, como a sociedade sem classes de Marx, além dos movimentos proclamados como laicos como o nudismo ou aqueles a favor da liberdade sexual, nos quais "é possível decifrar os vestígios da 'nostalgia do Paraíso', o desejo de restabelecer o estado edênico anterior à queda, quando o pecado não existia e não havia rotura entre as beatitudes da carne e a consciência" (ELIADE, 1996b: 168-169). Neste sentido, poderíamos dizer que a dança, para o homem moderno, preencheria essa mesma função mitológica? Para tentarmos responder esta pergunta, é importante considerar o que Eliade disse quanto à racionalidade do homem moderno.

De acordo com o autor, um homem exclusivamente racional é uma abstração, pois "Todo ser humano é constituído, ao mesmo tempo, por uma atividade consciente e por experiências irracionais" (ELIADE, 1996b: 170), isto é, inconscientes; e que os conteúdos do inconsciente apresentam grande semelhança com as imagens e figuras mitológicas. Assinalou que o inconsciente apresenta uma aura religiosa porque é produto de experiências imemoriais, principalmente situações de crise, nas quais tanto a realidade do mundo como a presença do homem neste mundo são questionadas. Apontou, além disso, que toda crise existencial é religiosa, visto que, nas sociedades arcaicas, o ser confunde-se com o sagrado.

Estas considerações nos remetem à psicologia analítica, que pode nos auxiliar na compreensão do homem moderno. Homem este que sente que, embora tenha adotado um comportamento oposto àquele de seus ancestrais, este comportamento pode reatualizar-se no mais profundo de seu ser.

A experiência humana se dá na multiplicidade, em termos de polaridades. Bem e mal, claro e escuro, nobre e vil, sagrado e profano, corpo e alma, aparecem como opostos irreconciliáveis para a limitada condição da consciência. Entretanto, ao pensarmos em termos de totalidade psíquica, o que parecia irreconciliável e conflitivo encontra uma nova forma de expressão, que remete a uma realidade paradoxal. E, conforme disse Jung (1994: 28), "[...] só o paradoxal é capaz de abranger aproximadamente a plenitude da vida. A univocidade e a não contradição são unilaterais e, portanto, não se prestam para exprimir o inalcançável".

Tomamos, aqui, como base para as nossas reflexões o modelo desenvolvido por Jung porque ele difere de outras formulações, já que não reduz a compreensão do psiquismo a comportamentos observáveis ou a um produto da consciência. Ao contrário, apresenta a psique como uma complicada combinação de vários fatores, com capacidade de variação e transformação; um sistema autorregulador, um processo dinâmico que envolve aspectos conscientes e inconscientes numa relação compensatória e de complementaridade, e que necessita de um meio externo no qual possa se expressar e concretizar sua meta: a realização do potencial que há em cada ser.

Todavia, esta realização pressupõe um meio pelo qual este possa se concretizar. Jung apontou que a encarnação é essencial à psique, pois o inconsciente só pode ser experimentado no corpo; que o corpo é "[...] a visibilidade da alma, da psique, e que a alma é a experiência psicológica do corpo" (apud CLARKE, 1993: 138). Argumentou, ainda, que não seria possível a formação da consciência se não houvesse um corpo, pois consciência implica discriminação e através dos órgãos do corpo é possível fazer distinções e diferenciações. É no corpo que experimentamos as sensações de frio, calor, alegria, tristeza, ansiedade e medo; é na multiplicidade das partes do corpo e dos impulsos físicos que vivenciamos o arquétipo da identidade (Self); é no corpo que se fazem sentir as emoções e os afetos[1] e, portanto, que se manifesta e se vivencia a alma humana. "[...] da mesma forma que a matéria corporal, que está pronta para a vida, precisa da psique para se tornar capaz de viver, assim também a psique pressupõe o corpo para que suas imagens possam viver" (JUNG, 1986: 267).

O corpo é a dimensão simbólica estruturante da consciência do ego, imprimindo-lhe características espaciais, temporais e de causalidade. Em cima e embaixo, superior e inferior, interno e externo, superficial e profundo, direita e esquerda (um lado e outro), antes e depois, frente e trás, limitado e ilimitado, finito e infinito, união e separação, dor e prazer, satisfação e frustração são categorias experimentadas, primeiramente, no próprio corpo. A primeira autoimagem é a imagem corporal.

No início da vida somos um corpo que, embora visível, parece não possuir uma forma ou dimensão própria. Bebê, mãe e mundo formam uma unidade indiferenciada, na qual predomina uma identidade inconsciente, uma *participation mystique*[2], onde tudo está relacionado com tudo. O corpo que sente fome e o seio que a sacia formam uma só e mesma coisa. A mãe aparece como o mundo, enquanto aquele que contém e nutre, aquece e protege. Por isso, semelhante ao mundo do homem primitivo, o mundo infantil é ma-

---

1. Jung define afeto como um estado psíquico caracterizado, de um lado, por inervações perceptíveis no corpo e, por outro, por uma perturbação do curso das ideias. Usa afeto e emoção como sinônimos.
2. Termo utilizado por Levy Bruhl para indicar uma relação de identidade parcial entre sujeito e objeto. Esta identidade baseia-se numa unicidade apriorística entre ambos.

triarcal. Contudo, não se trata do matriarcado no sentido sociológico, mas no sentido psicológico marcado pelo predomínio do inconsciente, do arquétipo da Grande Mãe.

Neste período, no qual predominam os instintos, a estrutura é mágica[3], isto é, tudo está ligado a tudo, há uma continuidade entre corpo, mãe e mundo. Qualquer perturbação como frio, fome, sede é instantaneamente aplacada pela mãe. Não há antes e depois, só aqui e agora. Não há pensamento racional, a relação com o mundo é baseada na emoção; o mundo ganha significado através da carga de emoção (lembremos que a emoção é o veículo pelo qual se expressa o arquétipo). Nenhum evento pode ser planejado ou causado racionalmente, mas acontece como manifestação de forças poderosas que, no máximo, podem ser invocadas. Assim é que o homem primitivo dança para invocar as forças da natureza para garantir uma boa colheita; ou o xamã dança para invocar os deuses para a cura de um membro da tribo.

Entretanto, essa dimensão mágica da psique pode ser encontrada não só no homem primitivo, mas também está presente e pode ser ativada, por meio da dança, na psique do homem moderno, como podemos observar no comentário de Laurens van der Post, ao observar uma dança ritual praticada pelos bosquímanos do Deserto de Kalahari:

> No final, a dança produzia uma atmosfera de tal união e pertinência entre todas as coisas e seres que, quando veio o clímax e o fogo foi encontrado, senti que eu, que tinha vindo de uma parte tão dis-

---

3. O termo mágico aqui se refere ao primeiro estágio de desenvolvimento do ego, no qual a consciência expressa a dinâmica das energias instintivas e afetivas no campo da realidade unitária. Foi usado por Erich Neumann, o primeiro a descrever a evolução da consciência individual e coletiva, do nível matriarcal ao patriarcal, em sua obra *História da origem da consciência*.

> tante do mundo, não era mais um estranho que se mantinha à parte e isolado, mas alguém que houvesse encontrado seu santuário num antigo templo e que, pela primeira vez, participava de um ato de comunhão natural com uma das maiores congregações de vida jamais reunidas (apud WHITMONT, 1998: 70).

Se é verdade que a espécie humana evoluiu biologicamente, não tem sentido pensar que o mesmo não tenha ocorrido psicologicamente. Deste modo, o desenvolvimento psicológico do indivíduo repete a história da evolução da humanidade. Assim, o mundo do homem primitivo corresponde, em temos psicológicos, à primeira fase do desenvolvimento da consciência, tanto individual quanto coletivamente. Este momento inicial, regido pelo arquétipo da Grande Mãe, é governado pelo princípio feminino, cuja característica principal são seus ciclos intermináveis de nascimento, morte, renascimento, bem como a manutenção e a continuidade da ordem natural. É o mundo matriarcal, mundo dos instintos, dos desejos e das emoções; o mundo da Grande Deusa, "a senhora das estrelas e do céu, a beleza da natureza, o útero gerador, o poder nutriente da terra, a fertilidade, a provedora de todas as necessidades, e também do poder da morte e o horror da decadência e aniquilação" (WHITMONT, 1991: 60).

Nesta fase, não existe diferenciação entre dentro e fora, corpo e mente ou psique, eu e o outro. A consciência é coletiva. O indivíduo é parte de um sistema grupal, e separar-se deste sistema, voluntária ou involuntariamente, significa perder o contato com a fonte da própria existência; é pior que a morte. Ao mesmo tempo, a consciência está intimamente ligada ao processo biológico, pois o homem experimenta a vida primeiramente no próprio corpo. É interessante notar que, para as sociedades tradicionais, a sede da inteligência e da intuição, das funções intelectuais não está na cabeça (razão), mas no coração, no centro do corpo (CHEVALIER & GHEERBRANT, 1993: 280-283). Também os índios pueblos não pensam com a cabeça, mas com o coração, como nos relatou Jung (1989: 219).

Isso assinala a importância da emoção no processo de criação de conhecimento de si e do mundo, onde a realidade se define pela vivência capaz de mobilizar e tocar profundamente o âmago do ser. Desta maneira, do ponto de vista psicológico, dançar é estar em contato com a dimensão mais profunda do ser.

Ao longo do processo de desenvolvimento, ainda na fase matriarcal, a consciência emerge e vai se diferenciando, evidenciando a presença de um "eu" (ego) e, consequentemente, de um "outro". Gradualmente, a partir da interação da estrutura herdada (tanto física quanto psíquica) com o meio externo, ou seja, entre a individualidade potencial interior e a coletividade exterior, entre o corpo e o mundo, este corpo passa a ser o meu corpo, torna-se um eu e o mundo das coisas e das pessoas passam a ser o outro. O controle das necessidades físicas, que começa a se estabelecer neste período, assinala a transição do ego da fase matriarcal para a fase patriarcal. Nesta fase os elementos básicos são a valorização do controle, do poder e domínio sobre a natureza exterior e sobre o inconsciente interior, isto é, o autodomínio. Em contrapartida, ocorre a desvalorização e rejeição do feminino, a repressão dos impulsos naturais, das emoções e dos desejos espontâneos. Nas danças rituais das tribos de caçadores, por exemplo, o homem representava a matança do animal como forma de vivenciar sua superioridade sobre o mesmo.

Esta separação eu-outro promove uma consciência social e, com ela, surgem as regras, os costumes ditados pela família e pelo grupo; comportar-se fora dos padrões grupais leva à vergonha. Tem início o controle. Ocorre uma primeira discriminação entre tempo e espaço. O tempo não é "agora" – lembrando que para o homem primitivo, bem como para a criança "agora" é o mesmo que sempre, que eternidade –, mas hoje e ontem; o espaço vai se deslocando do próprio corpo para o "aqui". O indivíduo começa a raciocinar sobre si mesmo e sobre o mundo à sua volta: surge a lógica racional que, ao nível coletivo, foi observada, primeiramente, na dialética socrática e sistematizada, posteriormente, por Aristóteles. Com o desenvolvimento da própria vontade, o imediatismo instintivo da vontade cósmica vai sendo substituído. O mundo feminino, da Mãe, vai dando lugar ao mundo do Pai, que será governado pelo Deus Pai que está no céu.

Nesta fase, que marca a transição do ego matriarcal para o patriarcal, ocorre uma divisão no princípio masculino que, se no início forma uma polaridade, ao final do período torna-se uma dualidade e, na fase seguinte, do ego patriarcal, transforma-se em dualismo. Whitmont (1991: 67-86) denominou essa fase de mitológica e apontou os deuses gregos Apolo e Dioniso como protótipos da polaridade: Apolo como representante da luz, da harmonia, do equilíbrio, da vida e da imortalidade; e Dioniso representando a morte, a transitoriedade e a escuridão. Vida e morte, luz e escuridão, que no início são aspectos de uma mesma realidade, no final do período são opostos que se excluem reciprocamente. Apolo e as divindades olímpicas masculinas assumem o primeiro plano, enquanto os elementos dionisíacos femininos aparecem apenas nos mistérios.

Na fase patriarcal, regida pelo princípio masculino, o ego vai se firmando como centro da consciência, tendo como seu modelo exemplar o Deus que diz "Eu sou o que sou" (Ex 3,14). "É o Senhor dos Senhores, que abate os inimigos e espera dos súditos um compromisso heroico de fidelidade" (WHITMONT, 1991: 97). Predomina a disciplina, a força de vontade, a intencionalidade, a obediência à Lei. O pensamento torna-se racional e abstrato. O espírito separa-se do físico. A ideia prevalece sobre a experiência. O sagrado torna-se espírito abstrato. A virtude é o autocontrole, o que exige a repressão dos instintos, dos impulsos, dos desejos da carne, dos sentimentos e emoções, enfim, do feminino. Em nome da ordem, da harmonia e da pureza, Apolo deve triunfar sobre Dioniso. Este é banido, e seus seguidores são caçados como adoradores do demônio. O mal já não é mais um infortúnio, mas a desobediência, que tem como consequência o castigo. Cabe lembrar aqui o uso das danças macabras, pelos padres medievais, como representação do castigo enviado por Deus para que os homens se arrependessem.

Com o avanço do patriarcado, a realidade, cada vez mais, é o que pode ser visto, ou seja, aquilo que ocupa lugar no espaço. A existência, então, torna-se limitada, pois é encerrada com a morte, entendida como o desaparecimento do corpo físico. Da mesma maneira, o tempo passa a ser medido de acordo com o espaço, ou em função do movimento e deslocamento da Terra ou a partir dos ponteiros do relógio. O tempo não mais se caracteriza pela circularidade nascimento, morte e renascimento do mundo primitivo, mas pela linearidade, com um início e um fim.

A consciência racional e materialista atinge seu auge a partir do Renascimento que, segundo Jung, não se trata de um retorno ao clássico, mas de uma transformação do pensamento cristão da Idade Média que adota um comportamento pagão, "trocando o destino celeste por um destino terreno" (JUNG, 1990b: 40). A partir do Iluminismo, as leis não mais são encontradas na figura divina, mas subjazem às coisas (lei mecânica da causa e efeito). O espírito divino é substituído pela excelência da razão. A desobediência às regras passa a ser um problema moral. Como observou Whitmont (1991: 103): "A espontaneidade natural, a sexualidade, os desejos da carne, a mulher e o feminino, a dança e o jogo, tudo isso passam a ser poderes do adversário, Dioniso transformado em diabo. A descoberta desses desejos no coração do indivíduo provoca nele sentimentos de culpa". Com a rejeição da dimensão feminina, que culminou na divisão cartesiana mente-corpo, fundamento da ciência moderna, o corpo e a experiência corporal foram desvalorizados e considerados até mesmo aversivos. Se no início da fase patriarcal eram vistos como demoníacos, agora são chamados de frívolos, pois o ideal maior é o intelecto.

É surpreendente observarmos que Dioniso, figura central do mundo mítico primitivo, do período matriarcal, que sintetiza os elementos do princípio feminino, transformado em satã pelo patriarcado, é o deus que mais está envolvido com a dança.

Como já foi apontado, Dioniso é o deus do êxtase e do entusiasmo. Deus essencialmente agrário, está relacionado com a fertilidade; é o deus da vida e da morte; da transformação e renovação. É o deus que morre, mas também não morre. Proporciona alegria a seus adoradores e enlouquece e destrói aqueles que não lhe rendem culto. Morre para de novo renascer. Traz consigo a luz de Zeus e a escuridão de Hades. É desmembrado e devorado, mas é também devorador. As palavras de Otto expressam com clareza estas contradições presentes na figura de Dioniso:

> Dioniso [...] olha o homem e faz com que saia rodopiando na ambiguidade do próximo e do remoto, da vida e da morte numa única forma. Sua inteligência divina mantém unidas as contradições. Pois ele é o espírito da excitação e da selvageria, e tudo que vive, fervilha e brilha resolve a cisão entre si mesmo e seu oposto (OTTO, 1995: 140).

Psicologicamente, Dioniso representa tanto o aspecto matriarcal, gerador e nutridor, quanto o patriarcal, fálico, da agressão e violência; ele é "bissexual". Configura as dualidades que só existem quando não se percebe que ele é um deus polar, que contém em si mesmo as contradições, os opostos. Na realidade, Dioniso era andrógino desde o início, "homem e mulher numa só pessoa" (KERÉNYI, 1997: 73). Portanto, atualizar Dioniso não é trazer o feminino reprimido, acrescentá-lo ou integrá-lo ao masculino, mas evocar uma possibilidade dada *a priori*, na qual masculino e feminino estão primordialmente unidos (cf. HILMAN, 1984: 228). Esta separação está presente na consciência unilateralizada do homem moderno, racional, materialista e a-religioso. Assim, como nos ensina a Psicologia Analítica, no seu inconsciente se encontra a possibilidade de uma *coniunctio* representada aqui na figura de Dioniso.

Por ser uma figura extremamente paradoxal, Dioniso oferece uma gama de atributos e perspectivas, o que leva a diferentes interpretações. Como disse Eliade (1983, vol. 2: 216),

> [...] Dioniso assombra pela multiplicidade e pela novidade de suas transformações. Ele está sempre em movimento; penetra em todos os lugares, em todas as terras, em todos os povos, em todos os meios religiosos, pronto para associar-se a divindades diversas, até antagônicas (Deméter, Apolo) [...] O seu modo de ser exprime a unidade paradoxal da vida e da morte.

Para o nosso objetivo, um aspecto muito importante do Mito de Dioniso[4] é o desmembramento, pelo seu significado arquetípico. No mito, o desmembramento é realizado pelos titãs que, depois

---

4. Mais informações sobre o Mito de Dioniso ver Brandão (1992: 113-140) e Eliade (1983, vol. 2: 199-217).

de capturar o menino Dioniso, cortam-no em pedaços e os colocam num caldeirão para ferver e, em seguida, devorá-los. Eliade (p. 214-215) apontou que o desmembramento e o cozimento de Dioniso pelos titãs referem-se a antigos ritos de iniciação, bem como aos rituais de iniciação xamânicos. Eles assinalam a morte para um renascimento, numa forma superior de existência, conferindo divindade e imortalidade ao deus.

Se, por um lado, o desmembramento pode significar, em termos psicológicos, a divisão em pares de opostos (enantiodromia), como apontou Jung em diferentes momentos de sua obra, por outro pode trazer a renovação, no sentido de revelar a totalidade presente em todos os elementos do ser. Analogamente, também no holograma, cada fração do padrão continua a apresentar a imagem total. A esse respeito, Jung (1991a: 54) escreveu que "a Antiguidade Clássica concebeu o pneuma sob a figura de Dioniso, especialmente Dioniso Zagreu, cuja substância divina se acha difundida por toda a natureza". E, ainda, que "As forças divinas aprisionadas nos corpos não são mais do que Dioniso disperso na matéria" (1990b: 148).

Em outras palavras, a força vital presente no corpo revela o pneuma que o anima. Ao mesmo tempo que temos uma vivência corporal, esta vivência evoca imagens mentais, emoções que experimentamos internamente. Podemos dizer então que, ao dançarmos, Dioniso se constela e, desmembrando ou dissolvendo as amarras do poder central do ego, possibilita a emergência do pneuma disperso no corpo. Esta é uma experiência arquetípica que, como apontado anteriormente, desperta simultaneamente fascínio pela multiplicidade de possibilidades e o terror da dissolução. Por isso Dioniso, o mais jovem dos deuses olímpicos, despertou tanta resistência ao mundo grego. De acordo com Eliade (1983, vol. 2: 201),

Dioniso devia provocar resistência e perseguição, pois a experiência religiosa que suscitava punha em risco todo um estilo de vida e um universo de valores. Tratava-se, sem dúvida, da supremacia, ameaçada, da religião olímpica e de suas instituições. Mas a oposição denunciava ainda um drama mais íntimo, e que, aliás, está abundantemente atestado na história das religiões: a resistência contra toda experiência religiosa absoluta, que só pode efetuar-se negando o resto (seja qual for o nome que se lhe dê: equilíbrio, personalidade, consciência, razão, etc.).

Dioniso é aqui resgatado para a compreensão da dança, pois seu significado, tanto quanto o da dança, reúne polaridades, evocando a dimensão do paradoxal e do indivisível. A dança se desenrola no tempo, mas é atemporal; acontece no espaço, mas alcança o ilimitado. Desdobra-se em seu desdobrar. É movimento que leva à quietude; música que remete ao silêncio. É corporal e reflete o divino; é união na separação. Em termos psicológicos, podemos dizer que a dança é uma expressão da totalidade do ser.

A consciência intelectual unilateralizada do homem moderno ou vê a matéria espiritualizada, como um corpo possuído por um espírito, ou espiritualiza a matéria, apontando a manifestação de um espírito num corpo, mantendo, desta maneira, a dicotomia matéria-espírito. Ao contrário, "o inconsciente tende a olhar o espírito e a matéria não meramente como equivalentes, mas como de fato idênticos" (JUNG, 2000: 313). E, neste sentido, este estudo vai de encontro à proposição básica da psicologia analítica: compreender a experiência humana em termos de significados, objetivos, razões e finalidades, e não somente a partir de eventos ou causas.

Além disso, a experiência promovida pela dança sugere uma atuação conjunta de corpo e alma com um único objetivo: a totalidade. A vivência de uma realidade unitária inclui as dimensões física e espiritual, o que nos conduz, uma vez mais, à psicologia analítica que assinala que a existência não pode ser compreendida somente em termos sensoriais. Isto significaria um superdimensionamento dos sentidos, em termos de percepção da realidade ou serviria à satisfação do intelecto ao se buscar causas racionais e explicáveis para a experiência vivida. Entretanto, o senso de completude, muitas vezes encontrado no âmago da experiência religiosa, transcende os limites da consciência racional, pois põe o indivíduo em contato com aquelas forças elementais que o ligam às características universais da humanidade.

Jung, a partir de extensos estudos e pesquisas em diferentes campos da experiência humana, apontou que a psique não se reduz a reflexos do mundo material, mas que envolve um campo ilimitado, diversificado e complexo. Dessa maneira, ele procurou revalidar e reafirmar a realidade da psique que, de acordo com sua concepção, é a matriz de todo e qualquer conhecimento e experiência. Chamou a atenção para o fato de que o mundo da experiência imediata não é o mundo da matéria, mas sim o de imagens mentais. Estas imagens são transmitidas e captadas indiretamente através de um complexo aparato nervoso: entre as terminações nervosas dos órgãos dos sentidos e a imagem percebida pela consciência parece ocorrer um processo inconsciente de transformação. Assim, uma imagem não é a reprodução do objeto externo, mas uma representação que se relaciona indiretamente com a percepção deste objeto. Ela é a expressão de conteúdos que são resultado da relação recíproca entre consciência e inconsciente. Por exemplo, não percebemos o comprimento da onda que ocasiona o som, que é um evento físico, mas o reconhecemos como uma melodia ou um ruído. Da mesma forma, o reconhecimento de uma dança não se dá em função de um braço que se eleva ou de uma perna que se flexiona. A psique é o único fenômeno imediato que percebemos e, por isso, é a condição para qualquer relação com o mundo. Nas palavras de Jung (1986: 297):

> Tudo o que experimento é psíquico. A própria dor física é uma reprodução psíquica que experimento. Todas as percepções de meus sentidos que me impõem um mundo de objetos espaciais e impenetráveis são imagens psíquicas que representam minha experiência imediata, pois somente eles são os objetos imediatos de minha consciência.

O pensamento científico moderno, assinalou Jung, para o qual só é real aquilo que pode ser visto com os olhos ou tocado com as mãos, ou seja, só é verdadeiro o que pode ser explicado a partir dos sentidos ou que tenha causa material, é muito recente na história. Em diferentes épocas e lugares, outras ideias sobre o mundo dominaram o pensamento humano. Para o homem primitivo, por exemplo, o mundo era povoado por espíritos, influências e forças que, embora ligadas à realidade física, possuíam uma realidade independente. O homem primitivo vive, de fato, em dois mundos, já que o mundo dos espíritos e o mundo físico são duas realidades. Analogamente, o homem medieval reconhecia que, além das forças palpáveis desse mundo, existiam "potências igualmente influentes que era preciso levar em conta" (JUNG, 1986: 156). A mudança da visão de mundo, ocorrida a partir da Idade Moderna, refletiu a necessidade e uma nova preocupação do homem em compreender a existência valorizando o material e o racional em detrimento do espiritual. Segundo Jung (1986: 285),

> Da mesma forma como, no passado, era um pressuposto inquestionável que tudo o que existia devia a

existência à vontade criadora de um Deus espiritual, assim também o século XIX descobriu a verdade, também inquestionável, de que tudo provém de causas materiais. Hoje não é a força da alma que constrói para si um corpo; ao contrário, é a matéria que, com seu quimismo, engendra uma alma.

Embora Jung tenha admitido essa mudança radical como necessária, na medida em que representa um desenvolvimento da consciência, possibilitando-nos um conhecimento mais confiável do mundo, ao mesmo tempo esse desenvolvimento levou-nos a uma consciência racional unilateral, que ignora uma grande parte da psique: o inconsciente. A atividade psíquica ficou reduzida a um produto bioquímico, uma mera expressão do substrato físico. Deste modo, a consciência passou a ser identificada à psique, bem como a vida psíquica inconsciente considerada como inexistente, já que parecia irreal, imaginária e fantástica. Porém, o que é ignorado ou negligenciado não deixa de existir, da mesma forma que alguém que virou a esquina não desapareceu no ar, apenas não está mais no nosso campo de visão. Como nos disse Jung (1986: 3):

> Nossa vida civilizada exige uma atividade concentrada e dirigida da consciência, acarretando, deste modo, o risco de um considerável distanciamento do inconsciente. Quanto mais capazes formos de nos afastar do inconsciente por um funcionamento dirigido, tanto maior é a possibilidade de surgir uma forte contraposição, a qual, quando irrompe, pode ter consequências desagradáveis.

Dessa forma, a psicologia analítica tenta resgatar a totalidade da vida psíquica, assinalando que a única realidade que experimentamos diretamente se encontra, na verdade, entre as essências desconhecidas da matéria e do espírito. Ao mesmo tempo em que reconhece a existência de dois aspectos no mundo – o das coisas físicas e o das espirituais –, coloca-nos diante do plano do psíquico, onde o conflito entre natureza e espírito parece se resolver por si, pois passam a designar a origem dos conteúdos psíquicos que irrompem na consciência integrando dois polos de uma mesma realidade. Assim, embora a chama de fogo que queima possa se referir a um processo físico e o medo de fantasmas possa ter origem espiritual, ambos são imagens psíquicas e, como tais, tornam-se reais na experiência que promovem, mobilizando no humano tanto a dor como o medo. Como observou Jung (1986: 299), "a verdade sensorial talvez satisfaça à razão, mas não revela jamais um sentido da existência humana que suscite e expresse também nossas emoções".

A consciência racional é uma aquisição relativamente recente na história da humanidade, o que pode ser observado tanto no homem primitivo quanto na criança. "Na primeira infância somos inconscientes; as funções mais importantes de qualquer natureza instintiva são inconscientes, sendo a consciência quase que um produto do inconsciente", argumentou Jung (1998: 28). Desse modo, sugere que a realidade objetiva é aquela que provém das profundezas do inconsciente, que reflete o paradoxal e o essencial, enquanto a realidade subjetiva refere-se às maneiras peculiares de se interpretar a realidade objetiva, refletindo as concepções pessoais acerca da experiência vivida.

A partir do Renascimento, período no qual nasce o balé, o corpo passa a ser exaltado e valorizado como um instrumento de demonstração da supremacia da razão. O gesto espontâneo, que precisa ser banido, na medida em que revela uma inferioridade estética, moral e a ausência de um senso de grandiosidade e elevação, está associado ao popular. O corpo, que não se deixa moldar por ideais racionais, expressa o vulgar, o medíocre, o frívolo, o indigno, o animal, ou, do ponto de vista do cristianismo, o diabólico.

Na tentativa de separar a expressão do corpo de sua dimensão espiritual, o espírito é tomado como única referência e fundamento. A aproximação do humano ao espiritual encontra na perfeição um modo de alcance da totalidade. Assim, a perfeição é considerada como caminho absoluto, no qual o homem se identifica com o divino. A imagem e semelhança já não são mais uma revelação, mas construídas na identificação.

O planejamento e controle máximo da expressão do corpo, organizando, treinando e disciplinando os gestos e movimentos, valendo-se de mecanismos de contenção racionais e de dinamismos acentuadamente patriarcais, representam a consciência coletiva da época. Entretanto, paradoxalmente, esta experiência de contenção elicia a tentativa de expansão que se expressa na máxima utilização do espaço, na busca do equilíbrio, no desafio à lei da gravidade e na vivência da liberdade. Segundo Guaranis (1987),

> No momento exato da dança, não que possamos abdicar de todo o aprendizado técnico anterior, mas transcendemos de uma realidade material e nos transportamos psiquicamente para uma outra realidade que, no nosso entender, não é material, e que por esta razão torna-se difícil enquadrar esta transposição interior, expressada através da dança materialmente falando, ou seja, enquadrados dentro de moldes técnicos ou de hipóteses preestabelecidas.

A ex-bailarina e analista junguiana Joan Blackmer (1989: 19-21) aborda essa questão de modo original e profundo. Em suas palavras:

> O treinamento de um bailarino se assemelha, em muitos aspectos, ao *opus* alquímico, cujo significado psíquico foi tão bem esclarecido por Jung. Submetendo a matéria, a princípio informe, a *prima materia* às operações de aquecimento, sublimação, separação e união, o alquimista buscava libertar o espírito aprisionado na matéria, e, portanto, transformar a própria matéria. Para o alquimista, a retorta, ou o continente dessas transformações, e a matéria trabalhada estavam postas fora de si mesmo. Para qualquer um que tenha se submetido a treinamento físico, especialmente os bailarinos, tanto a *prima materia* quanto o continente da transformação são o próprio corpo individual.

Embora nessa época o criativo fique associado à genialidade, como obra da razão, o que se observa é que a inspiração para a criação de uma dança continua sendo um mistério. Nesta medida, o que inspira e transporta o indivíduo de sua condição particular para uma experiência criativa e plena de significados renovados e compartilhados é o poder de transformação que emana das profundezas da alma humana, religando a experiência encarnada e o significado espiritual da existência. Psicologicamente, estamos diante da força organizadora da atividade arquetípica, criadora de realidade e fonte misteriosa e profunda da vida.

Considerando as categorias de tempo e espaço como estruturantes da consciência humana e sua importância para a compreensão do ser no mundo, são de grande valor os desdobramentos que assumem na dança. Embora haja uma marcação de tempo cronológico, o dançarino experimenta um tempo qualitativamente diferente do tempo ordinário, é o "tempo concentrado" ao qual se referiu Eliade. Da mesma maneira, a dança não acontece em qualquer lugar: tratando-se de um espetáculo de dança ou até mesmo da dança de salão, o espaço para ela reservado é cuidadosamente preparado; torna-se um espaço qualitativamente diferente, "sagrado", pois ali o dançarino experimenta uma outra realidade, diferente daquela em que participa na sua existência cotidiana. Além disso, os gestos e movimentos do dançarino descrevem um espaço que vai além de seus contornos visíveis, um espaço imaterial, ilimitado. Tal qual o homem primitivo, ele "cria um mundo" em sua dança.

É interessante notar que o maior de todos os símbolos do mito cristão, a crucificação de Jesus, embora represente um enorme sofrimento ao qual o corpo é submetido como forma de salvação, aponta que a possibilidade de salvação está no corpo, pois só foi possível a partir da Encarnação do Logos Divino. Além disso, no Sacramento da Eucaristia, rito central do cristianismo, o fiel estabelece uma comunhão com Deus através da ingestão do corpo e do sangue de Cristo. Podemos perceber que há um destaque dado à Encarnação como caminho para a Redenção e a Revelação de Deus.

Não podemos esquecer que sem um corpo a consciência humana não poderia se desenvolver, o Self não poderia se manifestar e a individuação não poderia se concretizar. O corpo oferece o primeiro sistema de referência para a realização das potencialidades arquetípicas. É a base para a construção de uma identidade, para a experiência de ser e estar no mundo. Na memória corporal está registrado quem somos e o que somos: seres finitos, limitados e, por isso mesmo, capazes de intuir o infinito e o ilimitado. Como apontou Jung (1993: 93), a antiga concepção de oposição entre matéria e espírito, entre corpo e alma, significa um estado de intolerável contradição:

> Mas se, ao contrário, formos capazes de reconciliar-nos com o mistério de que o espírito é a vida do

> corpo, vista de dentro, e o corpo é a revelação exterior da vida do espírito, se pudermos compreender que formam uma unidade e não uma dualidade, também compreenderemos que a tentativa de ultrapassar o atual grau de consciência, através do inconsciente, leva ao corpo e, inversamente, que o reconhecimento do corpo não tolera uma filosofia que o negue em benefício de um puro espírito. Essa acentuação das exigências físicas e corporais, incomparavelmente mais forte do que no passado, apesar de parecer sintoma de decadência, pode significar um rejuvenescimento, pois, segundo Holderlin, "onde há perigo surge também a salvação".

É importante assinalar, ainda, que a individuação é um processo que, muitas vezes, assume características de revelação, podendo receber conotações religiosas e míticas. O religioso, neste sentido, não se refere à filiação a um credo ou a uma forma instituída de religião, mas a uma experiência que suscita uma emoção indescritível, um sentimento de mistério, de sagrado, o numinoso. Esta experiência constitui uma condição do indivíduo, independente da sua vontade. Não é ele quem produz esta condição, mas é antes tomado por ela; não é ele quem produz o sagrado, mas este que se apresenta a ele. Por isso, a causa, não raro, lhe parece externa, ou como propriedade de um objeto visível, ou como influxo de uma presença invisível que, de qualquer modo, produz uma sensação de estranhamento, pois a consciência não reconhece esse conteúdo como pertencente a ela.

Tudo parece ocorrer à margem da vontade consciente e, na verdade, trata-se do encontro da consciência com certos dinamismos inconscientes, carregados energeticamente. São os arquétipos que encontram expressão nos afetos e desenvolvem efeitos numinosos. O afeto restringe a consciência na medida em que na mesma proporção que supereleva a luminosidade de um determinado conteúdo, retira a energia de outros conteúdos que poderiam ser conscientes, tornando-os obscuros e inconscientes. Com o rebaixamento da consciência, provocado pelo afeto, ocorre uma diminuição no sentido de orientação permitindo que o inconsciente penetre e ocupe o espaço que ficou vazio. Dessa forma, a consciência passa a ocupar uma posição secundária, os processos racionais conscientes são arrebatados pela irracionalidade inconsciente, ocorre uma relativização do ego e, consequentemente, uma relativização também das categorias de tempo e espaço. O corpo parece experimentar uma espécie de entorpecimento. O homem sente-se transportado para uma nova dimensão, que, se por um lado desperta o fascínio das possibilidades a serem experimentadas, por outro desperta o terror da dissolução. Numa linguagem religiosa, poderíamos dizer que se trata do encontro do homem com o sagrado, que tanto pode levar ao paraíso como conduzir às trevas. Numa visão psicológica, refere-se ao encontro da consciência com a camada mais profunda da psique inconsciente, uma manifestação da função religiosa da psique, uma função natural que, como todas as outras funções, pode ser cultivada e aprofundada ou negligenciada e reprimida, mas que, de qualquer maneira, busca sempre formas de expressão.

Esse estado alterado de consciência acontece sempre que imagens emocionalmente carregadas se ligam à experiência ou à atividade corporal e pode provocar mudanças tanto no nível biológico quanto no nível psicológico, que não poderiam ser produzidas pela vontade ou pela reflexão. A imunidade ao calor (andar sobre brasas) que o xamã alcança em estado de êxtase, ou a recordação de algum acontecimento sob o efeito da hipnose ou da influência de uma droga que altere a consciência, são exemplos disso.

Através de uma atividade corporal podemos, então, vincular a consciência às camadas mais profundas da psique que pode se revelar com toda sua numinosidade. Assim, poderíamos compreender a dança como uma linguagem? Ou seria melhor entendê-la como uma liberação do corpo reprimido?

A principal indagação, que parece emergir com base nas considerações teóricas e práticas da psicologia analítica, bem como das experiências pessoais e artísticas aqui apresentadas, é a de que a dança, enquanto uma atividade corporal, pode mobilizar e canalizar o afeto primitivo e indiferenciado para uma forma, representando, dessa maneira, uma manifestação da função religiosa da psique, uma possibilidade de encontro com o sagrado.

O relato de Mary Wigman, de como criou uma de suas coreografias, Chamado da morte (apud GARAUDY, 1994: 111), serve-nos como uma ilustração da profundidade e intensidade da manifestação da experiência vivida na dança, que assinala seu alcance e significado.

> De início, o sentimento de seu chamado, um apelo vindo de longe, emergindo das trevas, lancinante, imperioso. Era como uma força atraindo meu olhar em direção a profundezas longínquas, obrigando meus braços a se estenderem e a se elevarem como uma barreira, à aproximação daquele poder. Mas, já aos primeiros passos, eu era forçada a parar, como se meu corpo tivesse sido trespassado. Estava pregado ao solo como por um comando mágico. Quem ou o que me chamava assim e logo me obrigava a parar? Uma voz? Um ser humano? Uma lembrança? Nada disto. E, no entanto, ela estava lá, uma presença inegável, um polo oposto a mim, um ponto no espaço que petrificava meu olhar e meus passos. A tensão criada em mim impunha a meu

corpo uma torção, arqueava fortemente minhas costas, esticava meus braços, desta vez num sentimento de desamparo e de desespero. Aquela força me paralisava, e sua sombra imensa, espessando-se à minha volta, impedia-me de fugir. Basta! Chega de fraqueza! Não, não quero mais me separar desta presença, mas, ao contrário, nela penetrar profundamente, viver plenamente esta experiência.

Esta experiência parece remeter a um apelo que ultrapassa os limites da consciência e da determinação voluntária de gestos e movimentos. O corpo aparece como uma dimensão em que se expressa, de forma implacável, o encontro e a influência de forças e poderes, que bem poderiam ser entendidos como arquetípicos, mobilizando a percepção de uma presença. Esta presença, de caráter numinoso, mostrava-se indecifrável e, ao mesmo tempo, de uma familiaridade aterrorizante. Apresentava-se como um chamado ao qual não poderia furtar-se nem negligenciar sua comoção terrível e fascinante, que parecia convocar a totalidade de seu ser.

Neste sentido, observamos que tanto o homem moderno quanto o primitivo, ao se referirem à dança, traduzem a unidade existente na pluralidade dos gestos executados pelo corpo que dança para "agradar a alma". Alma que, encontrada, se harmoniza com a grandiosidade dos gestos e da vida, oferecendo a perspectiva do encontro de um novo eixo e centro para a jornada humana, realizando na existência o mito que a fundamenta. E, como disse Martha Graham (1994):

> Existe uma vitalidade, uma força vital, uma energia, uma vivacidade que é traduzida em ação por seu intermédio, e como em todos os tempos só existiu uma pessoa como você, essa expressão é única. Se você a bloquear, ela jamais voltará a se

manifestar por intermédio de qualquer pessoa e se perderá.

Vimos anteriormente que em diferentes culturas e épocas, mesmo com o advento do cristianismo, a dança permaneceu como parte do culto até o século XVI, embora, por vezes, tenha sido apenas tolerada; de qualquer forma, não desapareceu. Coreografada, tematizada e dramatizada mostra sua vitalidade e atualidade sob as mais diferentes formas, propondo-se como presença e necessidade. Por que o homem continuou dançando?

Acredito que a perenidade da dança se encontre na sua função ritual. Por meio do rito o homem incorpora o mito, ou seja, o rito é o mito em ação. Como nos diz Brandão (1993: 39), "o mito rememora, o rito comemora". Rememorando os mitos, o homem repete o que os deuses fizeram "nas origens". Reiterando o mito, o rito aponta o caminho, colocando o homem na contemporaneidade do sagrado. Como aponta Eliade (1991: 38-39):

> [...] um objeto ou um ato torna-se real apenas quando serve para imitar ou repetir um arquétipo. Assim, a realidade é alcançada unicamente por intermédio da repetição ou da participação; tudo que carece de um modelo exemplar é "insignificante", isto é, destituído de realidade. Desse modo, os homens demonstram uma tendência no sentido de tornarem-se arquetípicos e paradigmáticos[5].

Para o homem religioso das sociedades arcaicas dançar significa harmonizar-se com os poderes cósmicos, garantir a continuidade da vida. Dançar é vivenciar o sagrado, é reiterar o tempo primordial, é fundar o mundo. Para o homem moderno não é diferen-

---

5. É importante ressaltar que Eliade emprega o termo arquétipo como sinônimo de "modelo exemplar" ou paradigma, e não no sentido junguiano.

te. Embora ele se proclame a-religioso, seu dançar revela uma busca das origens, que constitui a base da experiência religiosa.

Dançar é embalar a consciência nos braços da dinâmica mágico-religiosa da psique inconsciente, acalentando e revigorando a alma com as energias que jorram das fontes mais primordiais de significado e de vida. Em termos psicológicos, é entregar-se à força geradora e transformadora das imagens arquetípicas, com toda a magnitude numinosa que comportam. E esse confronto com o numinoso é perturbador, pois é caracterizado por uma intensidade emocional peculiar: ele atua, fazendo ressoar em nós a voz de toda a humanidade. Por isso, a dança comove e subjuga ao mesmo tempo em que transporta o dançarino, ou mesmo quem assiste à sua dança, a uma outra realidade.

Podemos dizer, portanto, junto com Martha Graham (1994), que "dançar é permitir que a vida use você de modo intenso. Às vezes não é agradável, às vezes é assustador... entretanto, é inevitável". Assim, diante da inevitabilidade da vida que floresce alimentada pela sacralidade da experiência interior, a dança revela-se como gesto sublime. Ou, como disse Sachs (1944): "Quem conhece o poder da dança mora em Deus".

Referências bibliográficas

A Bíblia de Jerusalém (1985). São Paulo: Paulinas.

ADAMS, D. (org.) (1993). *Dance as religious studies*. Nova York: Crossroad.

BLACKMER, J. (1989). *Acrobats of the Gods*. [s.l.]: Inner city books.

BOILÈS, C.L. (1995). "Dança". In: *Enciclopédia Einaudi* – Soma/psique/corpo. Vol. 32. Rio de Janeiro: Imprensa Nacional/Casa da Moeda.

BRANDÃO, J.S. (1993). *Mitologia grega*. Vol. 1. 8. ed. Petrópolis: Vozes.

_____ (1992). *Mitologia grega*. Vol. 2. 5. ed. Petrópolis: Vozes.

CAMPBELL, J. (1991). *O poder do mito*. São Paulo: Palas Athena.

CASSIRER, E. (1997). *Ensaio sobre o homem*. São Paulo: Martins Fontes.

CHEVALIER, J. & GHEERBRANT, A. (1993). *Dicionário de Símbolos*. Rio de Janeiro: José Olympio.

CLARKE, J.J.I. (1993). *Em busca de Jung*. Rio de Janeiro: Ediouro.

CUNHA, A.G. (1982). *Dicionário Etimológico Nova Fronteira da Língua Portuguesa*. Rio de Janeiro: Nova Fronteira.

Dicionário Eletrônico Houaiss da Língua Portuguesa (2002). São Paulo: Objetiva.

ELIADE, M. (1996a). *Imagens e símbolos*. São Paulo: Martins Fontes.

_____ (1996b). *O sagrado e o profano*. São Paulo: Martins Fontes.

_____ (1991). *Mito do eterno retorno*. São Paulo: Mercuryo.

_____ (1989). *Mitos, sonhos e mistérios*. Lisboa: Ed. 70.

_____ (1983). *História das crenças e das ideias religiosas*. Tomo 1. Vols. 1 e 2. 2. ed. Rio de Janeiro: Zahar.

GARAUDY, R. (1994). *Dançar a vida*. Rio de Janeiro: Nova Fronteira.

GRAHAM, M. (1994). *A dançarina revelada*. Nova York: Wnet/ Cameras Continentalis/La Sept Arte/BBC [Filme-vídeo, color., son., v.o. inglês, leg. Português – Direção de Catherine Tatge].

GRAHAM, M. (1993). *Memória do sangue*. São Paulo: Siciliano.

GUARANIS, M.B. (1987). *Mover-se*: uma proposta metodológica para aprendizagem da movimentação do corpo visando o equilíbrio vital. São Paulo: USP, 193 p. [Dissertação de mestrado].

HILLMAN, J. (1984). *O mito da análise*. Rio de Janeiro: Paz e Terra.

JUNG, C.G. (2000). *Os arquétipos e o inconsciente coletivo*. Petrópolis: Vozes.

_____ (1998). *A vida simbólica*. Petrópolis: Vozes.

_____ (1995). *Psicologia e religião*. Petrópolis: Vozes.

_____ (1994). *Psicologia e alquimia*. Petrópolis: Vozes.

_____ (1993). *Civilização em transição*. Petrópolis: Vozes.

_____ (1991a). *O símbolo da transformação na missa*. Petrópolis: Vozes.

_____ (1991b). *Tipos psicológicos*. Petrópolis: Vozes.

_____ (1990a). *A energia psíquica*. Petrópolis: Vozes.

_____ (1990b). *Aion* – Estudos sobre o simbolismo do si-mesmo. Petrópolis: Vozes.

_____ (1989). *Memórias, sonhos e reflexões*. Rio de Janeiro: Nova Fronteira.

_____ (1986). *A natureza da psique*. Petrópolis: Vozes.

KAST, V. (1997). *A dinâmica dos símbolos*. São Paulo: Loyola.

KERÉNYI, K. (1997). *Os deuses gregos*. São Paulo: Cultrix.

LANGER, S. (1980). *Sentimento e forma*. São Paulo: Perspectiva.

OTTO, W.F. (1995). *Dionysos*: myth and cult. Indiana: Indiana University Press.

PORTINARI, M. (1989). *História da dança*. Rio de Janeiro: Nova Fronteira.

SACHS, C. (1944). *História universal de la danza*. Buenos Aires: Centurión.

TAYLOR, M. (1993). A history of symbolic movement in worship. In: ADAMS, D. (org.). *Dance as religious studies*. Nova York: Crossroad.

WHITMONT, E.C. (1998). *A busca do símbolo*. São Paulo: Cultrix.

_____ (1991). *O retorno da deusa*. São Paulo: Summus.

WOSIEN, M.G. (1996). *Danzas sagradas*. Madri: Debate.

3 A psicologia junguiana e o corpo no processo de individuação

Lúcia Helena Hebling Almeida*

Paradoxalmente, a pós-moderna visão holística da realidade encontra-se, também, na base da tradição ocidental, greco-judaico-cristã. Do lado grego os pré-socráticos, videntes do *Logos*, de forma transdisciplinar abordavam o conceito de *physis*, que abrangia a totalidade de tudo o que é... apaixonados pela busca da essência, falam-nos de uma contemplação da Unidade, respaldada na comunhão da ciência com a arte, a filosofia e a mística (LELOUP, 1996).

Acredito ser interessante uma "viagem" histórica sobre alguns aspectos na evolução da concepção de ciência, para percebermos a visão de mundo que se está abrangendo, o que isso implica a cada momento. Chegaremos até a atualidade em busca de uma nova ciência, de novos paradigmas e de qual visão de mundo norteia tudo isso. Nesse trajeto enfatizarei a concepção que me orientará na explanação da minha dissertação de mestrado, dentro da área da motricidade humana.

---

* Psicóloga; doutora em Ciências Biomédicas (Saúde Mental) pela FCM-Unicamp; professora-convidada do Curso de Especialização em Psicologia Analítica Junguiana e do Laboratório de Estudos e Pesquisas em Saúde, Espiritualidade e Religiosidade – Departamento de Psicologia Médica e Psiquiatria da FCM-Unicamp; mestre em Ciências da Motricidade pela Unesp, Rio Claro; especialista em Cinesiologia Psicológica pelo Instituto Sedes Sapientiae, São Paulo.

No século XVI a visão de ciência prendia o homem ao conhecido, ao que já existia. Diante de uma sociedade que primava pelo senso comum começou a emergir a necessidade de uma nova compreensão do mundo e do homem que o habitava, de uma forma mais exata, mais positiva, matemática, o que deu origem à chamada Revolução Científica.

Harman (1983: 33) afirma que, no final do século XVII, o homem perde o seu lugar no centro do universo, a astrologia, a bruxaria e a magia deixam de ser consideradas, e entra em evidência uma visão mecanicista do mundo, na qual a matéria é vista como inerte e sem atividade. O autor enfatiza a ideia de que: "Na cultura europeia a ciência simbolizava a racionalidade, aperfeiçoamento, progresso e a promoção do bem-estar humano".

No século XVIII, com o advento do Iluminismo, a razão passa a ser um atributo universal, possibilitando ao indivíduo discernir a realidade de uma maneira mais lógica. É quando o pensar racional e dedutivo se expande no mundo.

Durante o século XIX, a ciência alcançou o seu grande poder e *status* com o advento do Positivismo, levando a um grande desenvolvimento técnico e tecnológico por intermédio das invenções, produzindo resultados técnicos e práticos. Tal fato dificultou qualquer outro meio de conhecer e refletir sobre o mundo e a ciência, que não fosse a racionalidade científica. Desconsidera-se, portanto, a vontade subjetiva e a subjetividade dos seres humanos, e os paradigmas da física foram estabelecidos como um novo padrão de ciência, conforme Ravetz (1979). Este autor aponta o fato de que, no nosso século, com o advento da Segunda Guerra Mundial, iniciou-se então o questionamento sobre a "neutralidade científica", o pesquisar deixa de ser neutro, admite-se as interferências do pesquisador na pesquisa; e, a ciência, em função de se colocar a serviço da tecnologia, seja ela comercial e vulgar, ou militar e sinistra, perde a sua imagem de "inocente". Observou-se que a ciência, por ser dependente da estrutura social, era uma produção social.

Embora houvesse esse atrelamento, a ciência ainda se apresentava com um conjunto de características que fazia com que as pessoas mantivessem uma fé indiscutível nos seus procedimentos, visto que ela tem como um de seus objetivos o de ampliar conhecimentos. Esses conhecimentos eram apoiados em hipóteses comprovadas, dentro de uma congruência lógica e uma sistematização teórica.

Nagel (1975) e Merton (1970), dentro de uma visão tradicional de ciência, viam o acúmulo do conhecimento como algo linear, contínuo.

Kuhn (1978) faz uma crítica a essa visão continuísta da ciência, propondo uma nova interpretação, rompendo com o Positivismo e apoiando-se na física. O autor afirma que o fato de uma teoria científica ter sido descartada, porque se tornou obsoleta, não a torna acientífica simplesmente, mas faz com que, historicamente, surja uma "nova imagem da ciência". Essa imagem nova, o autor denomina Ciência Normal. É uma pesquisa que se baseia em paradigmas com leis, teorias, aplicações, instrumentação, regras e padrões aceitos pela comunidade científica.

No início do desenvolvimento de uma teoria científica, é comum haver diferentes descrições e interpretações para um mesmo fenômeno, e estas vão desaparecendo à medida que um novo paradigma vai sendo proposto e aceito. Este paradigma precisa ser melhor que outros, muito embora não precise conseguir explicar todos os fatos. Quando um indivíduo ou grupo sintetiza algo sobre um determinado assunto, e este é aceito por uma maioria, temos um paradigma, que se mantém até que uma nova geração de paradigmas ocorra, quando então as correntes de pensamento mais antigas começam, gradualmente, a desaparecer, pois deverá haver uma nova conversão de adeptos ao novo paradigma.

Percebemos um avanço e uma abertura no pensamento de Kuhn, mas a ciência, dentro desta visão, ainda descarta os casos extraordinários que não se encaixam dentro de um paradigma. Este fato tem levado a uma drástica restrição da visão da ciência e dos cientistas, forçando-os a aprofundar-se demasiadamente em detalhes, perdendo a visão do todo, ou deixando de considerar algo que poderia ser importante.

E como trabalhar com uma visão de ciência, na qual os casos extraordinários não são vistos e analisados objetivamente? Uma ciência que se prende a padrões meramente quantitativos, e, conforme constatamos dentro da história da ciência, diversos problemas que aparecem justificando um acaso, esses, muitas vezes, não são considerados? Ou, melhor ainda, será que esta visão de ciência, que exclui esses processos, pode ser analisada como uma única opção de caminho, e o que não se encaixa dentro dessa opção deve continuar a não ser observada?

É claro que não! A análise atual dos fatos exige uma nova postura da ciência. Nesta nova postura e na discussão de diversos autores é que me apoiarei.

Feyerabend (1977) é um autor que se opõe à ciência da ordem e da lei, dizendo que a realidade científica é complexa e apresenta surpresas, imprevistos, mudanças, desafios, enfim, mostra que o processo de conhecer é um processo muito maior do que o das regras da ciência. Diz que as violações às regras da ciência são necessárias para o seu progresso, e propõe uma metodologia anárquica que rejeita os padrões universais, as tradições rígidas e a ciência contemporânea. Aponta, este autor, o fato do ser humano ser muito mais rico do que a racionalidade científica, diz que devemos considerar tais complexidades e imprevisibilidades, pois uma metodologia ingênua e simplista não é suficiente para explicar esse "labirinto de interações" que ocorre em torno da ciência. Para que exista uma maior liberdade e para que a ciência e a pesquisa sejam gratificantes, só existe um princípio defendido em todas as circunstâncias e estágios do desenvolvimento humano. É o princípio: "tudo vale".

Esse princípio, "tudo vale" na ciência, implica uma nova visão de homem, de mundo, na interação destes e no trabalho que é fruto desta visão. Essa nova visão, mais interativa, abrangente, ampla, é oposta à ciência mecanicista e fragmentada.

A experiência interior, a autoimagem, os processos emocionais são conceitos vividos e expressados com o corpo, com as emoções presentes nesse corpo. Portanto, a psicologia, entre tantas outras ciências que trabalha essencialmente com o ser humano, com aspectos subjetivos, não deveriam analisar o que se refere às pessoas de maneira reduzida e simplista.

Como apresenta-nos Morin e Kern (1994):

> Cada ser humano é um cosmos, cada indivíduo uma efervescência de personalidades virtuais, cada psiquismo secreta uma proliferação de fantasmas, sonhos, ideias. Cada um vive, do nascimento à morte, uma insondável tragédia, decomposta em gritos de sofrimento, de gozo, de risos, lágrimas, cansaços, grandeza e miséria. Cada um traz em si tesouros, carências, brechas, abismos... a possibilidade do amor e do devotamento, do ódio e do ressentimento, da vingança, e do perdão. Reconhecer isso é também reconhecer a identidade humana... A identidade do homem, ou seja, sua unidade/diversidade complexa, foi oculta e traída, no próprio coração da era planetária, pelo desenvolvimento especializado/compartimentado das ciências (p. 22-23).

Porém, falar de experiência interior, visão não fragmentada, não seria "mistificar" a ciência?

Weber (1992: 25) propõe algumas reflexões interessantes sobre este tema. Ela nos diz que: "A ciência é um empirismo exterior, o misticismo um empirismo interior... Para místicos como Hermes Trimegisto do Egito, Parmênides, Pitágoras, Platão, Spinoza... todos os sábios orientais, a busca do ser exterior se prende à do ser interior".

Com isso percebemos que há uma relação entre o microcosmo e o macrocosmo, a natureza e o homem, o observador e o observado. As mesmas leis da natureza estão presentes no interior do homem, o que muda é a "leitura" que se faz disso.

Weber (1992), falando dos cientistas pós-mecânica quântica, aponta que a semelhança entre eles e os místicos é a de que estes cientistas aceitam a ciência hermética, em certa medida, numa "roupagem moderna". Discorrendo sobre diferenças entre a ciência e o misticismo, a autora aponta, como a mais grave, a de que a ciência faz uma análise detalhada e fragmentada da natureza, perdendo o sentido do todo, e/ou outras vezes, deixando até de considerar um significado mais profundo dos próprios detalhes que possam ocorrer. A autora rejeita a imagem estereotipada do cientista como uma pessoa necessariamente distante e alheia ao problema dos valores humanos. Afirma ainda que a boa intenção de um cientista é uma poderosa contribuição para a busca de nós mesmos.

A ciência como um todo deve refletir sobre isso, se posicionar e promover essa busca, visto que a ciência pode ser considerada como a que auxilia no processo de conhecimento e engrandecimento humanos.

Jung – Uma visão da ciência, do homem e do mundo

Jung (1991) critica a ciência da causalidade, da estatística, mostra que limitar o conhecimento à realidade material faz com que um pedaço excessivamente grande da realidade total seja substituído por uma espécie de zona de penumbra, que podemos chamar de "irreal ou suprarreal". Diz-nos o quanto o pensamento é real, mas não é palpável, assim como tantas outras coisas, conceitos e fenômenos; menciona que o conceito de realidade precisa ser revisto, pois quase nunca a nossa consciência tem uma relação direta com qualquer objeto material; e cita que algo que seja difícil de lidarmos, de compreendermos, não significa que não exista.

Lembra-nos Jung (1991: 401) que os fatores psíquicos inconscientes regem a humanidade e seu destino, tanto para o bem quanto para o mal; que a consciência vem do inconsciente e que, sempre que a nossa consciência ocidental considerar apenas a realidade derivada de causas materiais, cometerá um grave erro, já que "somos subjugados por um mundo que foi criado por nossa psique... a realidade que experimentamos diretamente é a realidade psíquica que se encontra entre as "essências desconhecidas do espírito e da matéria".

Jung também propõe um outro princípio para a análise dos fatos, um princípio de conexões acausais, que já mencionei, e que ele chamou de sincronicidade.

Para chegar a tal princpio, ele observou que embora a ciência tenha como meta uma apreensão da totalidade, isso é difícil de ser alcançado, pois esta ciência se prende muito à experimentação e à estatística, o que exclui questões perturbadoras e respostas mais profundas, tiradas de uma intimidade com as possibilidades, e, mais, as próprias possibilidades são muitas vezes restringidas a uma situação de laboratório artificialmente criada para que uma determinada resposta a uma determinada questão possa emergir, mesmo que se crie o risco de ser uma resposta equivocada.

Jung (1991: 468) constata então a necessidade de um método de investigação que "imponha um mínimo de condições possíveis, ou, se possível, nenhuma condição, e assim deixe a natureza responder em sua plenitude".

Desta maneira percebemos um paralelo entre Jung (1991), Feyerabend (1977) e Morin e Kern (1994).

A física moderna tornou relativas as leis naturais, pois estas são "verdades estatísticas", e os acontecimentos podem estar relacionados com um outro princípio diferente da ligação causal.

Antes de a ciência tornar-se dependente em relação às causas dos acontecimentos, e desviar-se da busca de uma correlação entre os acontecimentos e o significado deles para o homem, acreditava-se que "o homem é, no corpo e no espírito, o "pequeno Deus no mundo", o microcosmo. Por isto o homem é como Deus, também o centro dos acontecimentos, e todas as coisas estão orientadas para ele (MIRANDOLA, apud JUNG, 1991: 499).

A totalidade é constituída pelo homem interior e pelo exterior, e um princípio que leva isso em consideração não pode ser um princípio baseado numa relação causal. De acordo com Jung (1991: 534), a psique não possui uma localização espacial, ou, se possui, é psiquicamente relativa, e isso também se dá com relação ao tempo. E "a constatação deste fato tem consequências de longo alcance".

Portanto, o surgimento simultâneo de dois acontecimentos ligados pela significação, sem que haja uma ligação causal, é o que Jung (1991: 462-463) denomina sincronicidade, isto é, quando "um conteúdo inesperado, que está ligado direta ou indiretamente a um acontecimento objetivo exterior, coincide com o estado psíquico ordinário".

Na visão deste autor, a física e a psicologia se complementam, pois ambas concebem as mudanças perceptíveis "como um fenômeno energético" (JUNG, 1991: 237). O que precede isso é uma ideia intuitiva, a partir da qual foi desenvolvido o conceito de energia física, que é uma noção muito arcaica ou primitiva do "extraordinariamente poderoso", que é o conceito de *mana* dos melanésios, indonésios e dos povos da África Oriental, cujo eco encontramos na palavra latina *numem*. *Mana* pode ser traduzido como Deus e *numem* como espírito. Há na sincronicidade um caráter numinoso, ou seja, espiritual.

Segundo Jung (1991), o inconsciente, muitas vezes, sabe mais que a consciência, e isto explica muitos fenômenos pré-monitórios, pré-sentidos. Esse conhecimento não é ligado ao eu, que é o centro da consciência, mas é um conhecimento ligado ao inconsciente, subsistente em si mesmo, e o que este autor chama de "conhecimento absoluto". Existe "a alma do mundo, uma espécie de vida única que enche todas as coisas, penetra todas as coisas, liga e mantém unidas todas as coisas, fazendo com que a máquina do mundo inteiro seja uma só" (NETTESHEIM, apud JUNG, 1991: 501).

E conclui Jung (1991: 501) sobre o pensamento acima citado:
> Por isto aquelas coisas, nas quais este espírito é particularmente poderoso, têm uma tendência a "gerar outras semelhantes a si", ou, em outras palavras, têm a tendência a produzir correspondências ou coincidências significativas.

O homem deixou de estar atento aos significados na vida, colocou a razão como uma deusa, e não só perdeu o divino dentro de si, como ainda transferiu esse caráter divino a tudo o que a ciência afirma.

Segundo Jaffé (1992: 85), a ciência:
> Embora seja apenas um instrumento, a ciência nestes dois últimos séculos tem funcionado como uma divindade (um valor supremo), exigindo, como fazem todas as divindades, adoração a seu serviço. Estamos agora prestes a emergir de uma subser-

viência inconsciente e consciente a uma ciência propensa a formulações estatísticas, reduzindo com isso a nada uma qualidade essencial em cada indivíduo: sua singularidade... Mesmo em sua manifestação mecanicista primária, a ciência reconhecidamente se coloca como um baluarte da razão numa era de desorientação. Não obstante, devemos nos acautelar com relação a uma ciência cuja tendência materialista/positivista chegou a significar a negação da grandeza do indivíduo.

Temos que ter em mente que, quando trabalhamos com um indivíduo, com seu corpo, estamos trabalhando com tudo isto, tudo isto nos envolve, e a nós se apresenta como algo muito maior do que realmente podemos compreender, analisar, explicar, mas nunca podemos negar.

Jung (1991: 350) propunha em 1930-1940 algo que vem a ser falado, analisado, discutido, nos anos 1990, à beira de um novo milênio, a chamada visão holística: "Uma abordagem muito mais satisfatória seria considerar o homem como um todo, em vez de considerar suas várias partes".

Para melhor apreendermos a importância da teoria de Jung para a ciência de hoje, citaremos Clarke (1993). Esse autor relata que o posicionamento científico de Jung está muito próximo das reflexões e conceitos das ciências de nossa época. Jung foi amigo de Albert Einstein e Wolfgang Pauli (que colaborou no desenvolvimento da teoria do *quantum*) e era admirador de Karl Popper. Com isso Jung estava atento às revoluções da física e "às implicações que elas encerravam para nossa compreensão da própria natureza e do método das ciências" (CLARKE, 1993: 32).

Portanto, podemos perceber também a sintonia de Jung com as metodologias do século XX, que contribuíram profundamente para a alteração de nossa concepção de ciência, pois este autor já recebia influências de pensadores como Karl Popper, Michael Polanyi e Thomas Kuhn, e antecipava atitudes novas em relação à ciência.

Jung, na totalidade de suas obras, considera que as ciências e os seus métodos de observação deveriam levar em conta a perspectiva histórica, e também a individualidade do pesquisador envolvido no que buscasse entender. Lembrava sempre que a nossa visão de mundo é permeada e limitada por nossos cinco sentidos, mas abria "brechas" para que buscássemos ousar e viver coisas que nem sempre compreenderíamos racionalmente. Jung buscava profundamente os significados da psique, apoiando-se num enfoque fenomenológico, pois acreditava que a individualidade das pessoas, o ser único, não podia ser classificada de maneira geral, compreendida de maneira quantificada e dentro de padrões estatísticos. Na afirmação de Kant de que o mundo não pode ser conhecido como realmente é, pois o nosso "conhecimento" e observações acerca do mundo são limitados pelo como e o que os nossos cinco sentidos podem apreender, é que se baseava Jung. Esse autor chegou a declarar que "epistemologicamente, apoio-me em Kant" (JUNG, apud CLARKE, 1993: 50).

Ao buscar ver as coisas como um todo e com significado Jung se baseia também na hermenêutica:

> A essência da hermenêutica, uma arte amplamente praticada em tempos antigos, consiste em adicionar novas analogias à que já foi fornecida pelo símbolo: em primeiro lugar, analogias subjetivas produzidas ao acaso pelo paciente, em seguida analogias objetivas fornecidas pelo analista com base em seu conhecimento geral. Esse procedimento amplia e enriquece o símbolo inicial (JUNG, apud CLARKE, 1993: 71).

Jung considera a psique humana um organismo vivo que mantém profundas ligações tanto com a natureza quanto com a raça humana e sua história. A psique, para Jung, é muito maior que o ego e a vontade, e o processo de individuação (termo que explicaremos adiante) propõe uma volta do homem à sua ligação com a natureza, já que o autor tem como referência uma visão holística. Jung diz que muitas coisas o completam: "plantas, animais, nuvens, o dia e a noite, e o eterno no homem". E refere-se ainda: "...Quanto mais incerto me sinto sobre mim mesmo, mais cresce em mim um sentimento de parentesco com todas as coisas" (JUNG, apud CLARKE, 1993: 231).

De acordo com Jung (1991), a psicologia é uma ciência prática em que a ajuda ao outro é a sua maior intenção. O conhecimento em si não é a sua principal meta, o que a diferencia da ciência acadêmica. Segundo esse autor, cada indivíduo é formado por uma nova e única combinação de elementos psíquicos, portanto, cada caso e cada pesquisa devem ser individuais.

O corpo, a corporeidade

Santin (1992) discorre sobre o conceito de corporeidade a partir da ideia de que, embora pareça simples, não o é, porque o termo corporeidade não é algo concreto, mas profundamente abstrato. Afirma ainda que o conhecimento racional e científico do corpo não significa ou corresponde à "corporeidade vivida no cotidiano das pessoas". O autor sabiamente nos mostra que antes de desenvolver o pensamento lógico-racional, e da existência das ciências experimentais, o homem experimentava o seu corpo. E que, a partir de sua própria experiência com o corpo, o indivíduo constrói a sua imagem corporal. Parece que´, à medida que o homem foi desenvolvendo o seu intelecto, ele esqueceu-se de seu corpo, e muitos só se lembram dele quando adoecem.

Numa linha de raciocínio, Santin (1992) demonstra o quanto às ciências modernas fortaleceram a racionalidade, preocupando-se com o fato físico, com o mensurável; e a ciência com isso se "esqueceu" de que o mundo não se reduz a fatos físicos, pois existe uma infinidade de fenômenos que ultrapassam a esfera da física. O autor mostra que, embora o corpo seja continuamente avaliado em seus aspectos quantitativos, isso é apenas uma constatação e não uma maneira de pensar, no sentido de reflexão. Isto é no mínimo uma maneira reducionista de avaliar o corpo.

Morais (1992: 73-85) segue esta mesma linha de raciocínio e discorre ainda poeticamente sobre desdobramentos e aplicações da filosofia do corpo, problema e mistério. Reproduziremos aqui um longo trecho desta sua obra pela beleza presente:

> Problema é algo que me corta o passo e me desafia em minha condição de sujeito cognoscente; problema é algo passível de equacionamento e, mesmo, eventual solução. Em suma, eu posso fazer de um problema uma presa do meu conhecimento. Já o mistério não me corta o passo; ele me envolve porque sou vivente, carregando em mim o mistério da centelha vital que escapa aos mais argutos médicos e fisiologistas. Do mistério eu sou presa. Se posso equacionar e resolver o problema, quanto ao mistério me é dado, no máximo, ter dele uma certa intuição contemplativa. Contemplando-o eu o intuo como uma certeza tremenda; mas, ao mesmo tempo, como uma absoluta impossibilidade cognitiva (pois, ao contrário, já não seria mistério)... A sabedoria das articulações ósseas e das disposições musculares faz-nos encontrar uma inteligência que caracteriza cada pequena ou grande parte do corpo que estudemos... Nossos corpos são, antes de tudo, o nosso primeiro e mais fundamental mistério. A cada dia somos convocados

às alegrias da corporeidade e, ao mesmo tempo, à sua aterradora efemeridade; o mais competente fisiologista saberá explicar-nos aspectos sutis do funcionamento de órgãos, aparelhos e sistemas do corpo; mas não há cientista, seguro do que faz, que ouse uma explicação sobre a própria centelha vital: o que nos mantém vivos? O que alimenta esse impulso primeiro? Somos e não temos um corpo... E o corpo apresenta claramente uma consciência e uma sabedoria que não precisam de raciocínios... Toda atitude do ser humano é atitude corporal.

Santin (1992), apoiando-se na física quântica, afirma que a vida é uma só e não pode ser destruída, já que tudo "se resume em energia", e aquilo a que chamamos de natural ou sobrenatural são planos de vibrações e dimensões, alguns possíveis de serem percebidos por nossos parcos sentidos. Apesar disto, o nosso corpo é o centro de convergência, compreensão e apreensão do mundo.

Barbotin (apud SANTIN, 1992: 85) discorre sobre esta questão:

O meu corpo é o ponto de referência em relação ao qual cada coisa toma seu lugar e torna-se situada... Graças a meu corpo localizado, atraio para mim todos os pontos do espaço: concentro-os, recapitulo-os, interiorizo-os. Em compensação, tomando impulso dessa posição me projeto em direção a todos os pontos do meu horizonte. Graças a esse ritmo o universo inteiro reside em mim, enquanto eu habito todo o universo.

A psicologia junguiana e o processo de individuação

Individuação é um termo criado por Jung que significa a busca de uma realização plena de potencialidades inatas no ser humano; todo ser humano tem dentro de si essa possibilidade. Seria uma tendência instintiva para sua realização, que leva o indivíduo a diferenciar-se do coletivo. Jung (1991: 426) escreve:

> A individuação, em geral, é o processo de formação e particularização do ser individual e, em especial, é o desenvolvimento do indivíduo psicológico como ser distinto do conjunto, da psicologia coletiva. É, portanto, um processo de diferenciação que objetiva o desenvolvimento da personalidade individual.

A meta do ser humano, para Jung, é a individuação, ou seja, tornar-se um ser não dividido durante o processo de seu desabrochar, do seu desenvolvimento interior, ou seja, tornar-se aquilo que potencialmente veio para ser. Continua Jung (1991: 330):

> Toda vida é a realização de um todo, i.e., do Self, razão pela qual esta realização pode ser denominada individuação. Pois toda vida liga-se a portadores e realizadores individuais e é inconcebível sem eles. Cada portador recebe um destino e uma especificidade que lhe são próprios, e é somente sua realização que confere um sentido à existência.

Podemos dizer que Self é um conceito junguiano que se refere a Deus, todo o desenvolvimento do homem seria dirigido pelo Self, a partir do Self para o ego. Na história da humanidade o Self é também simbolicamente a expressão de divindade interior ou imagem de Deus (JAFFÉ, 1992).

Jung (1993: 97) afirma que o Self é uma ideia que exprime uma "essência incognoscível que não podemos entender como tal, já que, por definição, ela transcende nosso poder de compreensão", que também poderia ser chamado "Deus dentro de nós".

O papel do ego é o de estar atento aos sonhos, intuições, percepções, somatizações, ao direcionamento de vida que o Self aponta, e segui-lo. Todos os problemas, sejam eles somáticos ou psíquicos, decorrem de uma não integração com o Self. O Self aponta para o germe, para o potencial de realização que existe em todo ser, que é o de crescer e completar-se.

Uma outra autora junguiana, Silveira (1991), discorre também sobre essa ideia, e a completa dizendo que "assim é para a semente do vegetal e para o embrião do animal. Assim é para o homem, quanto ao corpo e à psique".

Portanto, uma ciência menos fragmentada, mais holística, que leve em consideração a singularidade do indivíduo, deve também considerar que a psique se expressa no corpo, e o corpo se expressa na psique. E, ainda, que a expressão do corpo antecede a uma expressão psíquica. Cabe a nós colocarmo-nos disponíveis para um entendimento, e um atendimento que leve em consideração o corpo desse indivíduo, que pensa e sente, mas que nem sempre consegue expressar-se, adequadamente, por meio das palavras.

O corpo em Jung

Descobrimos inúmeras considerações sobre o corpo e os dinamismos psicofísicos nas obras de Jung (apud FARAH, 1995):

> A consciência é sobretudo o produto da percepção e orientação no mundo externo, que provavelmente se localiza no cérebro e sua origem seria ectodérmica (p. 24)... Essas localizações particulares desempenham um papel fundamental importantíssimo na chamada psicologia primitiva (que de primitiva não tem absolutamente nada). Se, por exemplo, estudarmos a ioga tântrica e a psicologia hindu, descobriremos o mais elaborado sistema de camadas de localizações psíquicas; uma espécie de graduação de consciência que vai desde a região

do períneo até o topo da cabeça. Essas camadas ou centros são chamados chacras, encontrados não apenas nos ensinamentos de ioga, mas também nos velhos tratados alemães sobre alquimia, que logicamente, não se originam dos ensinamentos hindus (p. 26)... A palavra "emocional" é invariavelmente aplicada quando surge uma condição caracterizada por enervações fisiológicas. Assim podemos medi-las até certo ponto, não em suas manifestações psicológicas, mas físicas (p. 44)... É curioso que a dor histérica não cause contração das pupilas, nem se faça acompanhar de enervação neurológica, apesar de ser uma dor realmente intensa. A dor física, por outro lado, apresenta estas duas características (p. 46)... Processos do corpo, processos mentais desenrolam-se simultaneamente e de maneira totalmente misteriosa para nós. É por causa de nossa cabeça lamentável que não podemos conceber corpo e psique como sendo uma única coisa (p. 54)... O máximo que se pode afirmar é a existência de certas condições fisiológicas que são claramente produzidas por doenças mentais, e outras que não são causadas, porém meramente acompanhadas de processos psíquicos. Corpo e psique são os dois aspectos do ser vivo (p. 55).

É óbvio que fiz algumas citações extremamente longas, mas acho válido este procedimento porque, assim como Farah (1995), considero Jung um teórico extremamente atento às questões referentes ao corpo, e a psicologia profunda uma teoria que faz brilhantemente a ligação entre a psique e o corpo.

Farah (1995: 26) menciona a facilidade com que Jung refere-se aos processos corporais, interliga-os à dinâmica da psique, e apontando que "a maneira utilizada pelo próprio Jung para mencionar o dado corporal já deixava em aberto, implicitamente, a possibilidade de vir a se desenvolver uma forma "junguiana" de abordagem do corpo em psicologia.

Farah (1995: 34) destaca ainda o quanto, atualmente, as pessoas estão mais atentas a seu corpo. A meu ver, muitas vezes, elas ainda estão atentas de uma forma distorcida, e simplificada, pensando não numa vivência adequada deste, mas de um culto exagerado às suas formas, em detrimento de uma boa saúde, pois recebem uma grande influência da mídia para isso. A autora apresenta o corpo como "um canal viável para o restabelecimento do nosso contato com a própria natureza humana". Salienta ainda, em sua obra, citações de Neumann, firmando-se neste autor, sobre a importância para o desenvolvimento humano de vivências corporais precoces, e o quanto a imagem corporal interfere na formação do ego e de toda a personalidade.

Ramos (1994), falando sobre as descobertas de Jung sobre os tipos psicológicos e suas manifestações físicas, refere-se ao fato de que a partir das constituições do corpo podemos inferir sobre a psique de um indivíduo, o que também constato durante o atendimento que presto às pessoas.

O tema do corpo na perspectiva da psicologia analítica de Jung foi amplamente desenvolvido por Sandor (1974). Este autor se referia muitas vezes às suas técnicas como técnicas de relaxamento, ou técnicas de "trabalho corporal", como "Psicologia Organísmica", ou "Terapia do Toque Sutil" (ALMEIDA, 1999).

Petho Sandor (1916-1992) foi um ginecologista húngaro que veio para o Brasil em 1949. Um homem muito intuitivo e introspectivo – ensinou na Universidade Católica em São Paulo, onde fez traduções particulares do "Seminário das visões de Jung" e conduzia discussões das Obras Completas de Jung. Até o momento isto ainda não foi traduzido para o português. Ele desenvolveu sua própria teoria "Terapia do Toque Sutil", um tipo de tratamento psicossomático. Seu pensamento não foi aceito por todos os "teóricos" junguianos, mas ele continuou seu trabalho independentemente, de sua própria maneira (KIRCH, 2000). Sandor lembrava-nos a todo o momento que, ao trabalharmos com o ser humano, atuávamos em quatro aspectos: espiritual, mental, emocional e estrutural – corpóreo (ALMEIDA, 1999). Outros autores, em sua maioria ex-alunos deste grande mestre, desenvolveram pesquisas de mestrado e doutorado, bem como outras publicações sobre a psicologia junguiana e a "Terapia do Toque Sutil" de Sandor, estabelecendo uma relação entre a psicologia junguiana e o corpo. Destacamos Almeida (1999), Antunes (1986), Armando (2007), Bonilha (1974), Delmanto (1997), Duran (1997), Farah (1995), Gabriel (2000), Iencarelli (1980), Leme (1998), Machado Filho (1994), Moraes (1979), Santis (1976), Seixas (1989), Wahba (1982). Por meio de Petho Sandor, de suas aulas e ensinamentos, aprendi sobre o trabalho com o corpo, com as técnicas de relaxamento que levam a um rebaixamento da consciência, a estados alterados da consciência que possibilitam um contato mais profundo com o transcendente e o *numinoso*; como se a consciência fosse um pálido reflexo de uma Chama Maior que deve ser sempre reverenciada (ALMEIDA, 1999). Estabeleceremos agora, além desta ligação, qual o discernimento que podemos obter da leitura do corpo em relação ao processo de individuação, e ao Self.

A individuação de Jung e o Self

Assim como a ideia de que a totalidade do ser é inerente à semente como seu objetivo oculto, numa visão junguiana podemos afirmar que a alma do homem possui um senso de orientação para o seu desenvolvimento, para a sua plena realização, para sua inteireza, mesmo quando não estamos conscientes disso ou até façamos uma resistência a esta realização (JACOBI, 1991).

A isto Jung chama de "processo de individuação ou individuação": existe em nós uma pré-programação psíquica, um potencial que precisamos desenvolver ao longo de nossa vida, um "vir a ser", e isso emana do Self. O Self é um conceito psicológico, uma ideia que serve para exprimir uma essência incognoscível, incompreensível, já que não podemos entender como tal, pois, por definição, ela transcende nosso poder de compreensão. De certa forma pode ser chamado o Deus dentro de nós (WHITMONT, 1990), ou a palavra junguiana para Deus (JAFFÉ, 1992).

O Self não é constante, mas um processo dinâmico, ativo, em transformação e rejuvenescimento contínuos. É a imagem arquetípica da realização pessoal e o centro da personalidade total.

O Self é a "possibilidade e fonte de uma meta psíquica repleta de significados existenciais... tendo acesso a um campo infinitamente mais amplo da experiência humana" (ZACHARIAS, 2002: 27-28).

O ego é o centro da nossa consciência, que contém a memória, a identidade, a vontade e a razão. É como uma central que capta informações do mundo externo e do interno e organiza isso tudo, nossas atividades do dia a dia, com certa constância e ritmo de acordo com a nossa vontade, que é a quantidade de energia que o ego tem à disposição para canalizar a sua ação. Há níveis nos quais a vontade não consegue operar, por exemplo, no inconsciente coletivo; pode-se com a vontade lembrar o que se fez antes, ou com algum esforço lembrar algo do passado.

É o ego que faz com que possamos refletir sobre nós mesmos, ele é o centro e causador de tomadas de decisão, ação e escolhas pessoais. O ego é também um complexo – complexo de identidade, cujos elementos mentais se apoiam nos cinco sentidos. A consciência e o ego dependem um do outro, e o ego é apenas o centro do meu campo de consciência.

Jung utiliza o termo egoconsciência para mostrar o quanto a nossa consciência é parcial, pois não estamos conscientes de tudo o que nos acontece e não conseguimos registrar tudo ao mesmo tempo. A consciência só se apercebe de um fenômeno por vez, há uma alternância da consciência: eu leio o jornal, escuto música e desvio de uma cadeira na minha sala; dá a impressão que é tudo ao mesmo tempo, mas não é. A minha consciência só se apercebe de uma coisa de cada vez, isso me dá uma falsa noção da sequência dos eventos (ALMEIDA, 2005).

Para Jung a consciência emerge do inconsciente, então este existe desde o nascimento, mas a consciência, o ego, vai-se formando no decorrer de sucessivos estágios (NEUMANN, 1990).

O Self é o núcleo arquetípico do ego, é o "sujeito" da totalidade.

O Self pode ser comparado com um centro de energia que levará à realização de uma personalidade, cujo potencial nos é dado *a priori*. Isso significa o desenvolvimento máximo do ser humano, não no sentido da perfeição, mas sim no sentido da plenitude. Todo indivíduo tem, para Jung, a possibilidade nata de atingir uma inteireza (WHITMONT, 1990).

Em outras palavras, eu – o meu ego deve ao menos tentar perceber mais profundamente o que de certa forma a vida propõe a mim, e como eu devo proceder para que esse desenvolvimento ocorra (ALMEIDA, 2005).

Assim temos um "Vir a ser – SI MESMO, Respeitar-SE, Assumir-SE, Cuidar-SE, Encontrar-SE, Realizar-SE, num contínuo Orientar-SE" (CORTESE, 1993).

Isso tudo não pelos condicionamentos culturais e visões do ego, mas de uma maneira maior, transcendente; isto é, o que essa pré-programação arquetípica coloca para o meu desenvolvimento.

Este é o processo de individuação: a luta da pessoa para tornar-se aquilo que potencialmente nasceu para ser (ALMEIDA, 2005).

É de certa maneira mais vantajoso, e também psicologicamente mais "correto", considerarmos certas forças naturais que se manifestam em nós, sob a forma de impulsos, como sendo "a vontade de Deus". Assim, com isso, nos colocamos em consonância, num "afinar-se" com o *habitus* da vida psíquica ancestral, isto é, funcionamos da mesma maneira que tem funcionado o ser humano em todos os lugares e em todas as épocas" (JUNG, 1990, par. 50: 25).

O corpo e o processo de individuação

Se considerarmos que o nosso corpo é a casa onde mora a nossa alma, nossa psique, a individuação assume também uma dimensão corpórea.

Wahba (1982: 29) nos explica isso. Diz a autora:

> O corpo nos dá a manifestação da energia no seu plano material, sofrendo as perturbações e transformações que ocorrem na psique. Se falo de um ego inflado, ou um ego alienado, ou de uma personalidade cujo centro está cada vez mais próximo do Self, posso observar tal processo nos estados de "alienação" (apatia, desligamento, o corpo desvitalizado, sem energia disponível) ou "inflação" (atuação, liberação, manifestação caracterizada por alto grau de inconsciência) corporais, assim como observo um eixo corporal "centrado".

Uma melhor expressão e soltura do corpo levam a uma maior expressão e soltura frente às pessoas, ou seja, estamos atuando em nível de modificação de atitudes, e de uma coerência maior na psique e no organismo da pessoa. Assim, está se permitindo a manifestação da totalidade, e que esta "se expresse corporalmente nos vários níveis psicofísicos do ser humano" (WAHBA, 1982: 30).

A possibilidade de sentir melhor as sensações corpóreas modifica a imagem corporal, aumenta a consciência corporal. Há uma valorização deste corpo, muitas vezes esquecido. Há uma nova organização do próprio corpo, da energia psíquica, e uma nova identidade, um novo ego se estrutura a partir das novas dimensões corporais, observadas também pela psique (ALMEIDA, 1999; ALMEIDA, 2005).

Jung, em seu "Seminário das visões" (como já mencionamos anteriormente, livro ainda não publicado em português, existe uma tradução para grupos de estudos, feita por Petho Sandor), diz que, para a psicologia do inconsciente, o corpo sempre significa a terra, pois é duro, denso, não pode ser removido, é um obstáculo absoluto. É o aqui e agora, porque, quando alguém está realmente no aqui e agora, está no corpo.

E qual a ligação que pode ser feita entre o corpo e o Self? Diversos autores respondem a essa questão.

Antunes (1986) apresenta igualmente uma ideia do corpo como terra, como uma base que leva à diferenciação do Eu, e o existir do Eu no corpo, e o existir do corpo no Eu é que promove a integração mente-corpo. Essa autora refere-se a esse Eu, como um sinônimo, para o conceito de Self.

Segundo Silveira (1981) o processo de individuação não tem um desenvolvimento linear, mas sim uma circunvolução, em torno do centro – Self, onde a personalidade se completa.

O Self é o centro da personalidade total, e o ego é o centro da consciência. Por isso dizemos que o caminho do homem é em direção ao seu Self, estabelecendo o "eixo Ego-Self" – para usar uma terminologia de Edinger (1990).

O Self, como engloba a totalidade da personalidade, engloba, portanto, o corpo. Há um direcionamento do Self que se expressa no corpo, e com isso determinadas doenças orgânicas, ou mesmo problemas mentais, muitas vezes surgem para mostrar um novo direcionamento, a necessidade de uma nova orientação na vida do indivíduo.

Mindell (1989) usa o termo "corpo onírico" ao falar da interação psique-matéria e conta que seu interesse sobre o tema começou quando iniciou seus estudos em física teórica e a praticar a psicologia junguiana. Ele refere-se assim ao conceito de corpo onírico:

> O corpo onírico é chamado por muitos nomes, tais como Shakti (a deusa feminina), Kundalini (a serpente de energia), Mercúrio (substância imaginada pela alquimia chinesa) e Chi (uma energia sutil). O mais essencial, porém, é que o corpo onírico compõe-se de sensações corporais interiores e fantasias a elas vinculadas. Rituais orientais chamariam o corpo onírico de substância básica do corpo, substância atuante, que se transforma na experiência da imortalidade (MINDELL, 1989: 18).

O corpo onírico é o que vitaliza a matéria, o que anima, o que dá alma, e, segundo este autor, a doença pode ser considerada uma reação à ausência de autenticidade numa pessoa após o self ser tocado e atendido, pois aí o corpo se torna um "parceiro da consciência". Esse autor lembra que Hipócrates acreditava nas energias corporais – o *enormon* e a *physis*, e que estas eram consideradas como as forças responsáveis pelo vigor natural bruto do corpo e pela capacidade dele para curar-se a si mesmo; com a "evolução da medicina", os médicos passaram a ignorar os conceitos de energia de Hipócrates em detrimento de suas atitudes "científicas" e sua observação aguda sobre as doenças.

Mindell (1989: 18) também considera o conceito de sincronicidade o mais significativo dos conceitos mente-corpo, ressaltando que outros autores junguianos "aplicaram o conceito à relação entre doenças orgânicas e símbolos que aparecem de modo espontâneo". Outra opinião deste autor pode ser constatada na prática clínica, "de que o trabalho com o corpo onírico amplia e intensifica "a interpretação dos sonhos, e como esta pode enriquecer e esclarecer o significado dos problemas físicos" (MINDELL, 1989: 138).

Mindell verifica ainda que

> O trabalho com o corpo onírico promove o processo de individuação que é uma unificação progressiva da personalidade. Individuação significa que os olhos, a cor da pele, os lábios, os movimentos da mão, a postura corporal, o tom da voz, as palavras e as fantasias manifestarão todas uma mesma informação: a personalidade real, o mito vivente (MINDELL, 1989: 178).

A pessoa que não segue o seu caminho, o seu processo, não se individua, torna-se doente, e a doença pode assumir um sintoma físico – no corpo, ou mental – na psique. Uma outra colocação para refletirmos sobre isso é apresentada por Dethlefsen e Dahlke (1993: 14): "O corpo de um ser humano vivo deve seu funcionamento exatamente àquelas duas instâncias imateriais que denominamos consciência (alma) e vida (espírito)". A consciência apresenta as informações que se manifestam no corpo e que se tornam visíveis.

Numa linguagem da psicologia junguiana, uma doença serve para recolocar a pessoa no seu eixo, na busca de sua totalidade. Constatamos isso diariamente no nosso contato com pessoas que, depois de um "susto" físico-psíquico, re-orientam a maneira de enxergar e de viver suas vidas. Uma doença ou outras manifestações somáticas não tão graves, indica que o indivíduo não está em ordem, não revela harmonia. Os sintomas servem, portanto, para nos indicar o que ainda falta em nosso caminho. Aliás, a doença pode ser considerada não um desvio em nosso caminho, mas, sim, deve tornar-se o caminho que nos levará à cura, a uma vida mais saudável e plena, isto é, mesmo uma doença pode levar uma pessoa a buscar a sua individuação (ALMEIDA, 1999).

Pude perceber, no convívio com Dr. Petho Sandor, que

> O nosso corpo é a sede da morada do Eu Superior no nosso mundo. A chamada visão holística passa por uma maior abrangência, compreensão e assimilação do ser humano, das coisas ao seu redor, e do Divino em nós. E o Divino, o Espiritual, a Alma, a Essência, a Energia Primordial, a Alma do Mundo, não importa o nome que empregamos, importa saber que esta "Chama" habita o nosso corpo, e por meio dele se expressa... Nosso corpo carrega mistérios e expressa com a energia vital em seus movimentos, a centelha divina que habita em nós! (ALMEIDA, 1999: 100-101).

Armando (2007) relata em seu trabalho sobre a Calatonia – técnica de relaxamento criada por Sandor (1974) – e sua relação com o numinoso, afirmando que ela pode acessar conteúdos arquetípicos, trazendo camadas mais profundas do ser através do trabalho corporal, ajudando as pessoas a encontrarem um sentido maior em suas vidas, que é um dos objetivos da psicologia analítica junguiana.

Assim, o corpo, matéria realizada de uma Manifestação Superior, torna-se, então, um caminho para a vivência desta totalidade.

Referências bibliográficas

ALMEIDA, L.H.H. (2005). *Danças circulares sagradas* – Imagem corporal, qualidade de vida e religiosidade segundo uma abordagem junguiana". Campinas: Unicamp [Tese de doutorado em Ciências Médicas].

_____ (1999). *A psicologia organísmica, a psicologia junguiana e a utilização de desenhos*: uma reflexão para a educação física. Rio Claro: Unesp [Dissertação de mestrado em Ciências da Motricidade].

ANTUNES, C.A.A. (1986). *O corpo lúdico*: sua utilização na psicoterapia infantil de orientação junguiana. São Paulo: PUC-SP [Dissertação de mestrado em Psicologia].

ARCURI, I.G. (2004). *Memória corporal* – O simbolismo do corpo na trajetória da vida. São Paulo: Vetor.

ARMANDO, M.D. (2007). *Calatonia e religiosidade*: uma abordagem junguiana. São Paulo: PUC-SP [Dissertação de mestrado em Psicologia Clínica].

BONILHA, L.C. (1974). *Comparações entre elementos da projeção gráfica e de autoavaliações*. São Paulo: PUC-SP [Dissertação de mestrado em Psicologia].

CLARKE, J.J. (1993). *Em busca de Jung*: indagações históricas e filosóficas. Rio de Janeiro: Ediouro.

CORTESE, F.N. (1993). *Comunicação pessoal a seus alunos*. São Paulo: Instituto Sedes Sapientiae.

DELMANTO, S. (1997). *Toques sutis*. São Paulo: Summus.

DETHLEFSEN, T. & DAHLKE, R. (1993). *A doença como caminho*. São Paulo: Cultrix.

DURAN, S.M.G.T. (1997). *O atendimento psicoterapêutico em grupo aos usuários de uma unidade básica de saúde pelo método corporal de Petho Sandor* – Uma interpretação na perspectiva da psicologia analítica de C.G. Jung. São Paulo: USP [Dissertação de mestrado em Psicologia].

EDINGER, E.F. (1990). *Ego e arquétipo*. São Paulo: Cultrix.

FARAH, R.M. (1995). *Integração psicofísica* – O trabalho corporal e a psicologia de C.G. Jung. São Paulo: Companhia Ilimitada/Robe.

FEYERABEND, P. (1977). Contra o método. Rio de Janeiro: Francisco Alves.

HARMAN, P.M. (1983). *The scientific revolution*. Nova York: Methuen [Lancaster Pamphlets].

HASSE, R.C.C. (1990). *A importância da coluna vertebral como instrumento de individuação na psicoterapia*. São Paulo: PUC-SP [Dissertação de mestrado em Psicologia].

KUHN, T. (1978). *A estrutura das revoluções científicas*. São Paulo: Perspectiva.

IENCARELLI, A.M.B. (1980). Relaxação, psicossomática e adolescência. *Arquivo Brasileiro de Psicologia*, vol. 32, n. 1, jan.-mar., p. 431-436. Rio de Janeiro.

JAFFÉ, L.W. (1992). *Libertando o coração* – Espiritualidade e psicologia junguiana. São Paulo: Cultrix.

JACOBI, J. (1991). *Complexo, arquétipo e símbolo*. São Paulo: Cultrix.

JUNG, C.G. (1993). *Psicologia em transição*. Petrópolis: Vozes.

_____ (1991). *A dinâmica do inconsciente*. Petrópolis: Vozes.

_____ (1990). *Aion* – Estudos sobre o simbolismo do si-mesmo. Petrópolis: Vozes.

KIRSCH, T.B. (2000). *The Jungians*: a comparative and historical perspective. Londres: Routledge.

LELOUP, J.-Y. (1996). *Cuidar do ser* – Fílon e os Terapeutas de Alexandria. Petrópolis: Vozes.

LEME, E.M. (1998). *O corpo-sentido no processo educativo*: uma abordagem fenomenológica. São Paulo: USP [Dissertação de mestrado em Psicologia].

MACHADO FILHO, P.T. (1994). *Gestos de cura e seu simbolismo*. São Paulo: USP [Dissertação de mestrado em Antropologia].

MINDELL, A. (1989). *O corpo onírico* – O papel do corpo no revelar do si-mesmo. São Paulo: Summus.

MORAES, L.P. (1979). *Calatonia*: a sensibilidade, os pés e a imagem do próprio corpo em psicoterapia. São Paulo: USP [Dissertação de mestrado em Psicologia].

MORIN, E. & KERN, A.-B. (1994). A carta da identidade terrena. *Margem*, dez., p. 9-26. São Paulo: Educ.

NAGEL, E. (1975). Ciência: natureza e objetivo. In: BESSER, S. & MORGEN (org.). *Filosofia da ciência*. São Paulo: Cultrix/Edusp.

NEUMANN, E. (1990). *História da origem da consciência*. São Paulo: Cultrix.

RAMOS, D.G. (1994). *A psique do corpo* – Uma compreensão simbólica da doença. São Paulo: Summus.

RAVETZ, J.R. (1971). *Scientific knowledge and its social problems*. Nova York: Oxford University.

SANDOR, P. (1979). *Cinesiologia para psicólogos*: uma breve introdução. São Paulo: Instituto Sedes Sapientiae [Manuscrito elaborado para uso dos alunos do curso de Cinesiologia Psicológica].

_____ (1974). *Técnicas de relaxamento*. São Paulo: Vetor.

SANTIS, M.I. (1976). *O discurso não verbal do corpo no contexto psicoterápico*. Rio de Janeiro: PUC-Rio [Dissertação de mestrado em Psicologia].

SEIXAS, L.M.P. (1989). *O caso de Nina*: um atendimento na esquizofrenia dentro da visão junguiana. São Paulo: PUC-SP [Dissertação de mestrado em Psicologia].

SILVEIRA, N. (1981). *Jung*: vida e obra. Rio de Janeiro: Paz e Terra.

WAHBA, L.L. (1982). *Consciência de si através da vivência corporal*. São Paulo: PUC-SP [Dissertação de mestrado em Psicologia].

WEBER, R. (1992). *Diálogos com cientistas e sábios*. São Paulo: Cultrix.

WHITMONT, E.C. (1990). *A busca do símbolo*. São Paulo: Cultrix.

ZACHARIAS, J.J.M. (2002). *Vox Dei* – O simbolismo do órgão no cristianismo ocidental. São Paulo: Vetor.

4 A psicologia junguiana, a psicologia organísmica de Sandor e o uso de desenhos
O desvendar de um rosto, uma nova identidade

*Lúcia Helena Hebling Almeida**

Jung, na totalidade de suas obras, considera que as ciências e os seus métodos de observação deveriam levar em conta a perspectiva histórica, e também a individualidade do pesquisador envolvido no que buscasse entender. Lembrava a todo o momento que a nossa visão de mundo é permeada e limitada por nossos cinco sentidos, mas abria "brechas", para que buscássemos ousar e viver coisas que nem sempre compreenderíamos racionalmente. Jung buscava profundamente os significados da psique, apoiando-se num enfoque fenomenológico, visto que acreditava que a individualidade das pessoas, o ser único, não podia ser classificada de maneira geral, compreendida de maneira quantificada e dentro de padrões estatísticos. Na afirmação de Kant de que o mundo

---

* Psicóloga; doutora em Ciências Biomédicas (Saúde Mental) pela FCM-Unicamp; professora-convidada do Curso de Especialização em Psicologia Analítica Junguiana e do Laboratório de Estudos e Pesquisas em Saúde, Espiritualidade e Religiosidade – Departamento de Psicologia Médica e Psiquiatria da FCM-Unicamp; mestre em Ciências da Motricidade pela Unesp, Rio Claro; especialista em Cinesiologia Psicológica pelo Instituto Sedes Sapientiae, São Paulo.

não pode ser conhecido como realmente é, pois o nosso "conhecimento" e observações acerca do mundo são limitados pelo como e o que os nossos cinco sentidos podem apreender, é que se baseava Jung (ALMEIDA, 1999).

Na minha experiência profissional fui constatando o quanto as crianças e os adolescentes (para não falar dos adultos) revelam o seu aspecto emocional, o quanto expressam seus sentimentos com o uso de papel e lápis de cor, ou papel e giz de cera, ou, ainda, tintas diversas, massas e argila. Tudo parece tomar a forma e a cor que descortinam o que aquela pessoa vivencia naquele momento.

Uma paciente me levou ainda mais longe, a repensar e a aplicar o uso do desenho, não só como um recurso de psicodiagnóstico, onde é tão conhecido e divulgado, mas também como um recurso de intervenção terapêutica, como uma proposta de um desvendar para além das palavras.

A psicologia profunda (como é também chamada a psicologia junguiana) faz uma opção por um método dialético, que se baseia em confrontos e averiguações mútuas, do terapeuta e do paciente. Isso é possível na medida em que se permite ao outro apresentar-se como é, inteiramente, sem julgá-lo, sem colocá-lo dentro de um esquema pressuposto, sem que haja uma relação de autoridade e superioridade por parte do terapeuta.

O corpo, a imagem corporal e a formação da identidade

Farah (1995: 26) menciona a facilidade com que Jung refere-se aos processos corporais, interliga-os à dinâmica da psique, o que "já deixava em aberto, implicitamente, a possibilidade de vir a se desenvolver uma forma 'junguiana' de abordagem do corpo, em psicologia".

Permitir que o ser humano expresse sua individualidade, possibilitar a ele a experiência única de buscar suas emoções, percebê-las e vivenciá-las no seu corpo, é a proposta da psicologia junguiana – coligada a técnicas de relaxamento dentro da psicologia de Sandor (1974).

O conhecimento racional e científico do corpo não significa ou corresponde à "corporeidade vivida no cotidiano das pessoas". Antes de desenvolver o pensamento lógico-racional, e da existência das ciências experimentais, o homem experimentava o seu corpo. É a partir de sua própria experiência com o corpo que o indivíduo constrói a sua imagem corporal (SANTIN, 1992).

Parece que à medida que o homem foi desenvolvendo o seu intelecto, ele esqueceu-se de seu corpo, e muitos só lembram-se dele quando adoecem (ALMEIDA, 1999).

Diversos autores discorrem sobre o corpo, a imagem corporal e a formação de identidade.

Erikson (1974) considera que o desenvolvimento de zonas libidinais e o tônus corporal contribuem no desenvolvimento da identidade da criança.

Schilder (1981: 15) chama de imagem corporal o esquema do corpo tridimensional que todos têm de si mesmos. De acordo com este autor a "personalidade é um sistema de ações e tendências para a ação. Temos que esperar emoções fortes referentes ao nosso próprio corpo". O autor enfatiza também que todas as ações que dependem de um conhecimento do próprio corpo serão imperfeitas e incompletas se o próprio conhecimento de nosso corpo assim o for. Ressalta ainda que o conhecimento do próprio corpo é extremamente necessário, que a imagem corporal tem um papel importante em cada movimento, e que há movimentos que são expressões de emoções. O autor afirma que esse "modelo postural do corpo" envolve um tempo de maturação, que por sua vez tem estreita ligação e dependência das experiências vividas, de treinamentos, e de atitudes emocionais, que se dá num contato contínuo com o exterior. Observa ainda que, em casos de somatizações, os órgãos envolvidos relacionam-se com o conflito, e que uma doença modifica a percepção, a postura e a libido do corpo.

Outros autores não mais dicotomizam a relação corpo/mente, e verificam a importância da estimulação tátil para o desenvolvimento.

Dychtwald (1984) alerta para a questão de que o nosso "corpomente" é fruto de experiências emocionais, psicológicas e psicossomatizações ao longo de nossa vida, pois o nosso jeito de sentir e agir no mundo afetam, modelam e estruturam o nosso corpo. Assim, este autor observa que uma pessoa rígida em seus padrões e comportamentos vai apresentar essa rigidez em seu corpo, como, por exemplo, ombros e pescoço sempre tensos.

Feldenkrais (1979), usando a manipulação não verbal e a "consciência pelo movimento", relata o atendimento de um caso específico em que a consciência corporal tornou-se fundamental no processo terapêutico. De acordo com este autor, ao mudarmos nossa autoimagem, mudamos a nossa própria maneira de agir, pois há uma modificação nas nossas motivações, e isto mobiliza as partes do corpo que estão relacionadas com as motivações.

Podemos constatar isso, por exemplo, em pessoas que não gostam do seu próprio corpo, que não têm uma autoimagem satisfatória, que às vezes se deprimem, e acabam adquirindo uma postura cifótica, além de muitas vezes se fecharem no contato com as pessoas. À medida que a autoimagem se torna positiva, essas pessoas tendem a se abrir mais para os relacionamentos, e perdem ou diminuem em muito a sua postura cifótica (ALMEIDA, 1999).

Montagu (1988: 254) afirma que é pela pele que se desenvolve a consciência corporal, ressaltando que "a estimulação tátil parece ser uma experiência fundamentalmente necessária ao desenvolvimento comportamental saudável do indivíduo". A autora observa também que os distúrbios psicossomáticos estão associados a uma carência de momentos de maternalidade, e estes, por sua vez, aparecem com mais probabilidade em pessoas que sofrem desta carência.

McNeely (1989) apresenta um interessante resumo histórico da somatoterapia, e fala da integração da somatoterapia e psicologia profunda. A autora coloca que a somatoterapia promove a descoberta de conteúdos de um complexo, ajuda na remoção destes, e ainda favorece o desenvolvimento de potencialidades não desenvolvidas, por serem inconscientes.

Constatamos a veracidade de tal fato quando, ao tocarmos determinada parte do corpo de um paciente, que tem uma tonalidade afetiva para ele, este se lembra de um sonho importante para o seu desenvolvimento emocional, ou de um fato ocorrido há muito tempo atrás, às vezes, há anos. Traumas e complexos até então não conscientes, com a soltura e integração deste corpo, alcançam uma leveza maior na sua atuação frente à vida. O paciente resgata o amor pelo seu corpo, o seu amor-próprio, e a sua atitude frente à vida se modifica.

Sandor (1974: 10) também escreve sobre a interação da psicologia junguiana (ou psicologia profunda) e diferentes técnicas de relaxamento. O autor relata que "a psicologia profunda está praticamente imbuída pela ideia e atuação dos opostos de tensão e distensão", e, de acordo com a teoria junguiana, a consciência se desenvolve mediante o aparecimento de opostos. Ressalta ele: "...Tensão e distensão representam polaridades que se estendem desde a categoria biológica até a anímica-espiritual"... Encontramos suas manifestações "na contração muscular, na vontade, mas igualmente também na cosmovisão ideológica". Afirma ainda que o intercâmbio rítmico que "na escala fisiológica produz homeostase, na escala psíquica aparece já como uma tarefa ou incumbência de síntese que servirá como ponto de partida para uma nova fase de esforço integrador".

A integração que ocorre da síntese dos opostos pode ser verificada tanto no corpo, num melhor alinhamento e menor tensão deste, tendo como consequência uma diminuição das somatizações, como numa melhor integração psíquica, pois o indivíduo menos tenso, mais equilibrado, vai expressar isso em sua psique, em suas emoções, nos seus relacionamentos, no seu dia a dia. A "psicologia organísmica de Sandor" promove um processo de "regulação do tônus", um "ajuste espontâneo" do organismo, e possibilita um aflorar de conteúdos inconscientes do paciente.

Guimarães (1990: 4) também concorda com a importância do uso de técnicas e métodos de trabalho corporal na clínica psicológica, pois isto possibilita "uma interação entre o aprendizado intelectual e vivencial no tratamento do paciente". A autora diz ainda que a abordagem corporal na psicoterapia pode levar a um "crescer em cima de si mesmo", pois existe uma ponte, uma ligação, entre os processos fisiopsicológicos.

Concordo com a autora, pois observo diariamente esta ligação entre o somato e o psíquico no contato com meus pacientes. Pessoas que sofrem com sintomas corporais, quando estes são expressões de uma personalidade não integrada, à medida que tornam o seu desenvolvimento mais pleno e adequado para si, tais sintomas desaparecem. Eu também observo que pessoas que se anulam, que quase vegetam, que quase nada expressam, passam a sofrer de somatizações, que nada mais são do que a expressão de sua inadequação; e, novamente, à medida que modificam essa questão, que se integram, que percebem seus limites, que vivenciam novamente suas vibrações, pulsações e fluxos, as somatizações desaparecem.

Há um elo de ligação entre observar-se, crescer, entregar-se e integrar-se.

O uso de desenhos na psicologia junguiana

Jung acreditava que os artistas (como antes os alquimistas) projetavam parte de sua psique sobre a matéria ou sobre objetos inanimados. Sendo assim o artista não é tão livre quanto parece ser; sua obra sempre será controlada por leis da natureza, leis da psique inconsciente. Este autor dizia que um objetivo do artista moderno é expressar sua visão interior de homem, e num segundo momento dar vazão ao plano espiritual da vida e do mundo (JAFFÉ, 1979). Para ele, o distúrbio emocional pode ser expresso não só de maneira intelectual, mas também "conferindo-lhe uma forma visível", pela pintura ou pelo desenho, nos quais as pessoas "expressam seus afetos por meio de imagens" (JUNG, 1991: 83).

De acordo com Almeida (1999: 59-60):
> Ele (Jung) solicitava que seus pacientes desenvolvessem livremente uma imagem de sonho ou imaginação ativa e, depois, que expressassem isso por meio da dramatização, da escrita, da dança, da pintura, do desenho, da modelagem. Jung percebeu que conjugando a imagem à ação podíamos observar o desdobramento de processos inconscientes, observar como está ocorrendo o processo de individuação, que é o eixo de sua psicologia.

Almeida (1999) faz um apanhado de diferentes autores que estudam o desenho como técnica projetiva: Machover (1949), Read (1955), Lowenfeld e Brittain (1970), Oliveira (1978), Ocampo (1981), Campos (1986), Di Leo (1987), Duarte Júnior (1988), Silveira (1981).

Destacamos Silveira (1981), pioneira com seu trabalho baseado em Jung no Brasil, apresentando casos de esquizofrênicos e psicóticos de um hospital psiquiátrico, que realizavam trabalhos num *atelier* de pintura sob sua responsabilidade. Segundo a autora o desenho possibilita uma distância do conteúdo invasor do inconsciente. Assim, com o uso de desenhos (entre outras técnicas expressivas) percebiam-se melhoras no quadro clínico, melhora no relacionamento interpessoal e até um interesse pelos estudos.

Na verdade, o processo artístico em si apresenta elementos que podem ser considerados terapêuticos. O acesso à subjetividade do indivíduo funciona como canal mediador entre mundo interno e mundo externo. O valor terapêutico não está na obra de arte enquanto produção final, e sim no processo artístico que expressa essa subjetividade e permite a elaboração de conflitos intrapsíquicos (GIGLIO, 1994).

Sabemos que, dentro da perspectiva junguiana, a compreensão das imagens – desenhos – tem produzido excelentes resultados nos campos psicológico, psiquiátrico e escolar (ZIMMERMANN, 1992; GIGLIO, 1994; LIGETI, 1995; ALMEIDA, 1999; WAHBA, 1999; LEÃO, 2000; VASCONCELLOS & GIGLIO, 2003; VASCONCELLOS, 2004; ARCURI, 2004; ALMEIDA, 2005).

Levaremos em consideração três importantes premissas necessárias à compreensão da linguagem dos desenhos, levantadas por Furth (2004):

1) Os desenhos originam-se no mesmo *locus* em que se originam os sonhos – o inconsciente.

2) Os desenhos devem ser aceitos como um método válido e confiável de comunicação com o inconsciente; é fidedigno como ferramenta analítica, confiável para ajudar o paciente a crescer e se desenvolver.

3) Na interpretação dos desenhos, supõe-se que mente e corpo estão interligados e, nesta conexão, se comunicam e cooperam entre si o tempo todo.

Furth (2004) afirma que os desenhos têm a mesma eficácia que os sonhos, enquanto fonte de informação psíquica, pois permitem a interação de áreas não manifestas ou reprimidas.

Este autor também ressalta que a realidade das imagens tem um lugar importante na concepção junguiana e observa que existe uma "ligação direta" entre a consciência e o inconsciente: o inconsciente "fala" por meio de um desenho até sobre "anomalias potenciais que a mente consciente não está preparada para encarar ou não consegue compreender" (FURTH, 2004: 25).

Para este autor, o efeito catártico do desenho permite que o símbolo dê uma nova direção à energia psíquica interna, e ajude no processo de cura.

Apresentação do caso

K. tinha quinze anos, cursava a primeira série do Ensino Médio, foi trazida para psicoterapia pelos seus pais em função de seu comportamento agressivo e uma intensa reclusão social. Ela não tinha quase amigos, falava muito pouco e respondia com monossílabos as perguntas que lhe eram feitas. Ela quase não conseguia sair de casa, suas notas na escola estavam baixas, não gostava de seu corpo – era um pouco obesa, encontrava-se depressiva e só usava roupas na cor preta.

Coleta de dados

Estes dados foram coletados a partir de desenhos feitos por K. durante as sessões de psicoterapia, após relaxamento.

Análise dos dados

A análise dos das foi feita observando-se as mudanças na imagem corporal expressa através da sequência dos desenhos, comparando-os e interpretando-os simbolicamente após terem sido feitos.

Procedimento

Foi feita uma tentativa de diagnóstico usando o teste H.T.P. de Machover, que consiste em pedir que a paciente faça desenhos monocromáticos de uma casa, uma árvore e uma pessoa, cada um numa folha de papel; todavia K. se recusou a fazê-lo inicialmente. Eu perguntei se ela gostaria de desenhar alguma outra coisa, então ela aceitou e fez o desenho a seguir (figura 1):

Figura 1

Quando realizei este trabalho, estava mais acostumada a usar os desenhos como diagnóstico, e não enquanto uma intervenção terapêutica, num processo terapêutico. Mas por meio deste primeiro desenho percebi em K. uma possibilidade de comunicação através de desenhos, e intuitivamente me veio à ideia de perguntar a ela se gostaria de se submeter às sessões de relaxamento, e em seguida desenhar como sentia seu corpo, ao que ela consentiu.

Então iniciei uma série de "relaxamentos com o trabalho corporal ou toques sutis" com algumas das técnicas da psicologia organísmica de Sandor (1974). As sessões de relaxamento aconteciam de maneira regular, duas vezes por semana durante aproximadamente 50 minutos. Ela recebia a técnica de relaxamento por mais ou menos 25 minutos, e em seguida eu pedia que desenhasse.

As técnicas de relaxamento passivas aplicadas neste caso foram massagem com bola de tênis sobre o corpo em decúbito dorsal e ventral, e uma suave massagem no rosto (Anexo 1), Técnica de Michaux (SANDOR, 1974); a Calatonia de Sandor (SANDOR, 1974) nos seus pés numa sessão, e na outra nas mãos, alternadamente; e vibrações sobre a sua coluna (Anexo 2).

Dependendo do que K. desenhava durante a sessão, eu intensificava um tipo de "trabalho corporal ou técnica de relaxamento" durante o desenvolvimento e sequência das sessões. Isto é, num momento aplicava a Calatonia de Sandor ao invés da Técnica de Michaux, variando assim o tipo de relaxamento aplicado.

Resultados

Eu iniciei o "trabalho corporal" novamente com a massagem com a bola de tênis (Anexo 1) por todo o corpo da paciente em decúbito dorsal e ventral, e depois uma massagem suave sobre o rosto. Depois do "trabalho corporal", K. fez o seguinte desenho (figura 2).

O rosto desenhado pela metade indica uma tendência a ter problemas de contato e dificuldades de interação social, visto que ele representa o traço social do indivíduo (MACHOVER, 1949).

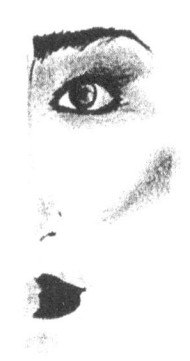

Figura 2

Observe-se que o desenho ilustra e favorece a compreensão da queixa trazida pelos pais de K., que a mesma apresenta atitudes mais reservadas, de uma pessoa mais fechada, com dificuldade de relacionamento social.

Em outra sessão, aplicando-se novamente a massagem com a bola de tênis por todo o corpo da paciente em decúbito dorsal e ventral, e uma massagem suave sobre o rosto, pedimos à paciente em seguida que desenhasse como sentia o seu corpo.

No desenho 3 (figura 3), temos a boca inteira. A boca, conforme Chevalier e Gheerbrandt (1989: 133), é a abertura por onde passa a respiração, o sopro, a palavra, o alimento; a boca é o símbolo da potência criativa e, particularmente, da insuflação da alma. Órgão da palavra, verbo, *logos* e da respiração, do sopro (espírito), ela simboliza também um degrau elevado de consciência, um poder organizatório por meio da razão. Sabemos que pela boca recebemos o alimento e, eventualmente, podemos respirar. Associa-se a ela a evocação da palavra, do verbo e do canto.

Figura 3

Por meio dela o recém-nascido entra em contato com o mundo externo.

E assim, a cada sessão, pedíamos que desenhasse após o relaxamento, conforme já relatado anteriormente.

No desenho 4 (figura 4), o estilo da face se repete, o cabelo encobre o rosto, aparece o pescoço curto, os ombros são geometrizados, e o corpo aparece com parte dos braços e pernas.

Figura 4

O pescoço, segundo Rocheterie (1991: 180), simboliza o ponto de junção que separa a cabeça (sede da consciência, do pensamento), do corpo (sede da inconsciência, do mundo irracional, do sentimento, dos instintos e do "vivido" (emotivo). O pescoço contém a garganta, que reage muito vivamente aos afetos e às angústias.

De acordo com Chevalier e Gheerbrandt (1989: 140), os ombros têm o significado de potência e força de realização. Os ombros são notados, ainda, de uma maneira geométrica, quadrada, estilizada... Os braços "simbolizam a possibilidade de construir, de curar, de agir, de executar um trabalho, o poder de..., a capacidade de..., proteção e ajuda, o socorro, a defesa". As pernas, segundo este autor, "são o órgão da marcha; a perna é um símbolo do vínculo social. Ela permite as aproximações, favorece os contatos, suprime as distâncias" (CHEVALIER & GHEERBRANDT, 1989: 710).

No desenho 5 (figura 5), o rosto adquire uma expressão mais suave e alegre, as formas são mais arredondadas, especialmente os ombros, porém o corpo ainda apresenta uma desproporção. O peito começa a ser mostrado. De acordo com Souzenelle (1994), a palavra *Sheklem*, em hebraico, quer dizer "ombro", "termo", "fim", e ainda é a palavra bíblica cujo significado é "levantar-se cedo". Os ombros indicam uma "nova aurora".

Figura 5

O desenho 6 (figura 6) revela um salto, uma expressão muito maior. O cabelo é leve e solto, e o rosto se revela com graciosidade; o pescoço e os ombros são mais proporcionais, o peito aparece ainda mais e notamos a clavícula que, etimologicamente, significa "pe-

Figura 6

quenas chaves". Em hebraico, a palavra correspondente a pescoço é *Tsavar*, que compreende *Tsadé*, cujo significado é: o anzol divino que apanha o homem para levá-lo à luz Aor. O homem de "dura cerviz" é aquele que não se deixa apanhar pelo *Tsadé* divino, que se recusa, pois, "a deixar-se jorrar na sua fonte Ayin, para ser curado Raph, e cujas asas de pássaro Oph não podem abrir-se" (SOUZENELLE, 1994: 244).

O peito, segundo Rocheterie (1991), é a região onde se ativa o coração. Portanto, evoca o sentimento, a afeição, o amor, e algumas das manifestações emocionais, que se expressam no corpo, tais como "batimentos do coração", "taquicardia", etc.

Figura 7

As clavículas, conforme Chevalier e Gheerbrandt (1989: 260), são para os dogons do Mali a sede dos nutrientes humanos. Para esta tribo cada clavícula é um celeiro que contém oito sementes que estão associadas aos quatro elementos e aos quatro pontos cardeais, entre outras coisas. Acreditam na força vitalizadora deste osso, tanto que esmagam e misturam, às sementes, as clavículas dos animais, para aumentar a colheita.

No desenho 7 (figura 7), o cabelo deixa completamente o rosto. De acordo com Chevalier e Gheerbrandt (1989: 790-791), o rosto é a linguagem silenciosa. É a parte mais viva e mais sensível (sede dos órgãos dos sentidos), que, de bom ou de malgrado apresenta aos outros o "eu íntimo" parcialmente desnudado, infinitamente mais revelador do que todo resto do corpo. O rosto simboliza a evolução do ser vivo a partir das trevas até a luminosidade. É a qualidade de sua irradiação que distinguirá o rosto demoníaco do angélico. Quando o rosto não exprime mais nenhuma vida interior, ele não é mais que uma prótese... uma máscara elástica. O rosto é o substituto do indivíduo por inteiro.

O rosto é a parte mais expressiva de nosso corpo, o centro mais importante de comunicação, e o traço social do indivíduo. O rosto nos individualiza mais que qualquer outra parte de nosso corpo, pois nós, seres humanos, com um corpo perfeito, somos mais ou menos iguais, o que nos particulariza e identifica mais é o nosso rosto.

O trabalho corporal era complementado com a Técnica de Michaux – anexo 2 e Calatonia nos pés numa sessão, e nas mãos em outra, sempre alternadamente – anexo 3, em função dos desenhos não apresentarem nem os pés, nem as mãos.

Figura 8

Nove meses depois de termos iniciado os trabalhos, aparecem no desenho 8 (figura 8) as mãos e os pés. O nove é um número carregado de simbolismo, de acordo com Chevalier e Gheerbrandt (1989: 642-644):

> parece ser a medida das gestações, das buscas proveitosas, e simboliza o coroamento dos esforços, o término de uma criação... sendo o último da série de algarismos, o nove anuncia ao mesmo tempo um fim e um começo, i.e., uma transposição para um plano novo... ideia de novo nascimento e de germinação... exprime o fim de um ciclo, o término de uma corrida, o fecho do círculo.

A mão exprime a ideia de "atividade, potência e dominação"... Nas línguas extremo-orientais, as expressões "meter a mão", "tirar a mão", têm o sentido de começar e terminar um trabalho (CHEVALIER & GHEERBRANDT, 1989: 589-592).

O pé representa uma maneira mais terra a terra, simboliza certo senso de realidade. Símbolo de poder, mas também de partida e de chegada, ele se junta ao simbolismo da chave, a própria expressão da noção de comando. O pé do homem deixa suas pegadas nos caminhos – bons ou maus – que ele escolhe em função de seu livre-arbítrio (CHEVALIER & GHEERBRANDT, 1989: 694-695).

Moraes (1979) apresenta um trabalho extremamente rico sobre os pés e o seu simbolismo. Segundo a autora, a importância dos pés para o equilíbrio e movimentação relaciona-se com a firmeza do corpo, a personalidade, e a flexibilidade dos movimentos do mundo interno do indivíduo. Utilizando a Calatonia de Sandor (1974), constata que a referida técnica possibilita a regulação do tono e uma entrada introspectiva, o que facilita o acesso ao inconsciente.

Souzenelle (1994) lembra-nos que os pés potencializam o corpo do homem inteiro, num plano físico, e que por isso determinadas práticas como a acupuntura e a reflexologia se utilizam tanto deste órgão. A autora apresenta ainda uma interpretação simbólica de heróis com os seus pés feridos: Édipo ou o "pé inchado", Aquiles ou o "pé vulnerável", Jacó ou o "calcanhar divino" e Cristo, que lava os pés de seus apóstolos. Cristo diz a Pedro: "Se eu não te lavar (os pés), não terás parte comigo" (Jo 13,8). E, ainda, Cristo confirma ao Apóstolo Pedro a necessidade de curar a ferida, lavando apenas os pés: "Se eu, Senhor e Mestre, vos lavei os pés, vós deveis também lavar os pés uns dos outros" (Jo 13,14).

O desenho 9 (figura 9), mais feminino, delicado, com proporções mais adequadas, demonstra sensibilidade, fala por si em sua beleza, leveza do desabrochar de um aspecto feminino e saudável.

A figura feminina carrega flores que simbolizam o resultado de uma alquimia interior - a floração - retorno ao centro, à unidade... resumo do ciclo vital... figura arquétipo da alma, como centro espiritual... os atributos da primavera, da aurora, da juventude, da retórica, da virtude" (CHEVALIER & GHEERBRANDT, 1989: 437-439).

Conclusão

Figura 9

Encontro também em mim a ideia apontada por Leloup (1996) de que a "terapia é cuidar do corpo"... é cuidar do eu e do mundo... abrindo-os Àquele que É, e... à sua paz, à sua saúde e a sua vida eterna".

O desvendar de um rosto, uma nova identidade, retrata com a maior integridade que o trabalho corporal representou para K., e vem representando também para outros pacientes com os quais venho aplicando as mesmas técnicas.

O desvendar de um rosto foi o desvendar de um estudo que permitiu o cair dos véus, abrindo faces, e o abrir do sorriso compondo felicidade.

O trabalho corporal, o toque na pele, restaurou o comportamento e desenvolvimento saudável de K.

A tensão e o relaxamento do corpo – em oposição funcional – fazem a pessoa perceber, compreender e avaliar melhor o seu esquema corporal.

Ao final do trabalho o que se busca é uma melhor instrumentalização corporal, uma nova operatividade deste alguém consigo mesmo, com o outro e com as suas circunstâncias, com seu espaço social.

Embora estejamos falando de reeducação, as teorias estão postas entre aceitar mais a importância do inato, e outras, mais a importância do adquirido.

Apesar das evidências de que o esquema corporal pode ser em parte inato, ele pode ser constantemente modificado por experiências sensório-motoras, ou seja, o ambiente altera e refina o esquema corporal (WILLIAMS, 1983).

Constatamos que foi exatamente isso o que aconteceu com K. A representação que ela tinha do corpo, de uma maneira desfigurada, desintegrada, desproporcional, sem enraizamento, sem a noção de figura-fundo, sem perspectivas, acabou se transformando numa jornada formativa, navegando entre o simbólico, o imaginário e o real.

O desenvolvimento do esquema corporal de K. partiu da interpretação da informação sensorial, que durante todo o trabalho ela recebeu, pois as mensagens sensoriais da sua pele (através dos toques), nos músculos e nas juntas (sinestésico) contribuíram de maneira importante para o desenvolvimento do seu esquema corporal.

A consciência corporal surge à medida que o esquema corporal vai se tornando mais refinado, pois o desenvolvimento da consciência corporal depende do esquema corporal e envolve elementos perceptuais-motores, bem como conceituais e cognitivos, além de ser um pré-requisito importante para o estabelecimento da imagem corporal. A imagem que uma pessoa tem de si mesmo como uma entidade física inclui a dimensão das características da "proporção do corpo" (ALMEIDA, 2005).

Verificamos então que, muito embora K. tenha "nascido" com um esquema corporal, o mesmo não podia ser experimentado, pois o seu embotamento emocional a impedia e, consequentemente, sua imagem corporal era parcial.

O tocar a pele com a aplicação das técnicas de trabalho corporal fizeram com que o esquema corporal pudesse ser resgatado. Com a estimulação do toque proporcionada pela terapeuta houve uma modificação da consciência corporal, observada pela evolução dos desenhos e, consequentemente, uma modificação da imagem corporal. Essas observações podem ser constatadas pela evolução dos desenhos.

O desenho é uma técnica útil para pessoas com dificuldades de abstrações e/ou produção de linguagem verbal, visto que possibilita curar e reconstruir o que se considerava incurável ou perdido, pois o indivíduo concretiza sua imagem interna de maneira significativa (ALESSANDRINI, 1996).

O desenho proporciona ao indivíduo a expressão e integração de seus sentimentos, por isso ele vem sendo utilizado há muito tempo como uma técnica projetiva, isto é, o indivíduo projeta sobre o papel aquilo que ele sente, seus conflitos, medos, angústias e a imagem que tem de si mesmo (ALMEIDA, 1999).

Na minha compreensão, o nosso corpo precisa ser experimentado, vivenciado, não de uma maneira maçante, estereotipada e, sim, tocado, assimilado, pois ele é a sede da morada do Eu Superior no nosso mundo. Quando tocamos o corpo de um paciente, devemos ter isto em mente.

Anexo 1: Massagem com bolinha de tênis

Faz-se uma massagem utilizando a bolinha de tênis como intermediário entre a mão da terapeuta e a paciente, em decúbito ventral, iniciando pelo pé do lado da lateralidade predominante da paciente, indo em direção à cabeça, sendo que o movimento é normalmente em linha reta, com exceção das articulações, onde o movimento é redondo.

O mesmo procedimento é repetido em decúbito dorsal.

Finalizando, a paciente volta à posição de decúbito ventral e faz-se deslizamentos suaves pelo rosto; com as pontas dos dedos a terapeuta esfrega, suavemente, o couro cabeludo da paciente.

Anexo 2 – Vibrações sobre a coluna

A paciente encontra-se em decúbito dorsal. A terapeuta une os dedos polegar, indicador e médio da sua mão direita, para trabalhar sobre a coluna da paciente, desde o osso sacro até a sétima vértebra cervical.

Inicia-se, encostando a mão da terapeuta no osso sacro da paciente; aguarda-se três respirações, e, na quarta expiração, a terapeuta vibra, tremula levemente a sua mão sobre o osso sacro. A cada quatro respirações da paciente, a terapeuta vai caminhando com sua mão sobre a coluna, em direção à cervical.

Se a paciente respirar muito rapidamente, ou muito lentamente, a terapeuta pode seguir um ritmo tranquilo, baseando-se na sua própria respiração. O importante é manter um ritmo.

Referências bibliográficas

ALESSANDRINI, C.D. (1996). *Oficina criativa e psicopedagógica*. São Paulo: Casa do Psicólogo.

ALMEIDA, L.H.H. (2005). *Danças circulares sagradas* – Imagem corporal, qualidade de vida e religiosidade segundo uma abordagem junguiana. Campinas: Unicamp [Tese de doutorado em Ciências Médicas].

_____ (1999). *A psicologia organísmica, a psicologia junguiana e a utilização de desenhos*: uma reflexão para a educação física.

Rio Claro: Unesp [Dissertação de mestrado em Ciências da Motricidade].

ARCURI, I.G. (2004). *Memória corporal* – O simbolismo do corpo na trajetória da vida. São Paulo: Vetor.

CAMPOS, D.M.S. (1986). *O teste do desenho como instrumento de diagnóstico da personalidade*. Petrópolis: Vozes.

CHEVALIER, J. & GHEERBRANT, A. (1989). *Dicionário de Símbolos*. Rio de Janeiro: José Olympio.

DI LEO, J.H. (1987). *A interpretação do desenho infantil*. Porto Alegre: Artes Médicas.

DYCHTWALD, K. (1984). *Corpomente*. São Paulo: Summus.

DUARTE JR., J.F. (1988). *Fundamentos estéticos da educação*. Campinas: Papirus.

ERIKSON, E.H. (1974). *Infancia y sociedad*. Buenos Aires: Horme.

FARAH, R.M. (1995). *Integração psicofísica* – O trabalho corporal e a psicologia de C.G. Jung. São Paulo: Companhia Ilimitada/Robe.

FELDENKRAIS, M. (1979). *Caso Nora*. São Paulo: Summus.

FURTH, G.M. (2004). *O mundo secreto dos desenhos*: uma abordagem junguiana pela arte. São Paulo: Paulus.

GIGLIO, J.S. (1994). Técnicas expressivas como recurso auxiliar na psicoterapia: perspectiva junguiana. *Boletim de Psiquiatria*, 27 (1), p. 21-25.

JAFFÉ, A. (1979). C.G. Jung: word and image. *Bollingen*, XCVII, 2. Princeton: Princeton University Press.

JUNG, C.G. (1991). *A dinâmica do inconsciente*. Petrópolis: Vozes.

LEÃO, M.A.B.G. (2000). *A aposentadoria como perspectiva de individuação em mulheres trabalhadoras de meia idade*. Campinas: Unicamp [Dissertação de mestrado em Ciências Médicas].

LIGETI, M. (1995). Liberdade e criatividade: uma abordagem junguiana em arteterapia. In: CARVALHO, M.M.M.J. *A arte cura?* – Recursos artísticos em psicoterapia. Campinas: Psy II.

LELOUP, J.-Y. (1996). *Cuidar do ser* – Fílon e os Terapeutas de Alexandria. Petrópolis: Vozes.

LOWENFELD, V. & BRITTAIN, W.L. (1970). *Desenvolvimento da capacidade criadora*. São Paulo: Mestre Jou.

MACHOVER, K. (1949). *Proyeccion de la personalidad en el dibujo de la figura humana*. Havana: Cultural.

McNEELY, D.A. (1989). *Tocar*: terapia do corpo e psicologia profunda. São Paulo: Cultrix.

MONTAGU, A. (1988). *Tocar*: o significado humano da pele. São Paulo: Summus.

MORAES, L.P. (1979). *Calatonia*: a sensibilidade, os pés, e a imagem do próprio corpo em psicoterapia. São Paulo: USP [Dissertação de mestrado em Psicologia].

OCAMPO, M.L.S. (1981). *O processo psicodiagnóstico e as técnicas projetivas*. São Paulo: Martins Fontes.

OLIVEIRA, E.M. (1978). *Perspectivas psicanalíticas dos desenhos infantis*. Petrópolis: Vozes.

READ, H. (1955). *Educación por el arte*. Buenos Aires: Paidós.

ROCHETERIE, J.Y. (1991). *O simbolismo do corpo humano*. São Paulo: Instituto Sedes Sapientiae [Apostila distribuída por P. Sandor no Curso de Cinesiologia Psicológica].

SANDOR, P. (1974). *Técnicas de relaxamento*. São Paulo: Vetor.

SANTIN, S. (1992). Perspectivas na visão da corporeidade. In: GEBARA, A. & MOREIRA, W.W. (orgs.). *Educação física & esportes*: perspectivas para o século XXI. Campinas: Papirus.

SILVEIRA, N. (1981). *Jung*: vida e obra. Rio de Janeiro: Paz e Terra.

SOUZENELLE, A. (1994). *O simbolismo do corpo humano*. São Paulo: Cultrix.

VASCONCELLOS, E.A. (2004). *Imagens simbólicas no adoecer* – Estudo descritivo sobre o processo arteterapêutico de pacientes oncológicos. Campinas: Unicamp [Tese de doutorado em Ciências Médicas].

VASCONCELLOS, E.A. & GIGLIO, J.S. (2003). Imagens simbólicas no processo do adoecer. In: *6th World Congress of Psycho-Oncology*. Canadá.

WAHBA, L.L. (1982). *Consciência de si através da vivência corporal*. São Paulo: PUC-SP [Dissertação de mestrado em Psicologia].

WILLIAMS, H.G. (1983). *Perceptual and motor development*. Nova Jersey: Prentice Hall.

ZIMMERMANN, E.B. (1992). *Integração de processos interiores no desenvolvimento da personalidade*. Campinas: Unicamp [Dissertação de mestrado em Ciências Médicas].

5 Individuação em contato com o corpo simbólico

*Elisabeth Zimmermann**

Ao longo de meu trabalho com a dança, percebi que a personalidade individual se desenvolve num processo original, onde os impulsos criativos das camadas mais profundas se manifestam no campo de relações conscientes do eu. Observando as pessoas envolvendo-se na improvisação da dança e realizando seus movimentos em contato com sua constelação interior, eu notava que, ao mesmo tempo em que expressavam criativamente a realidade da música, ocorria, nelas, uma integração de várias dimensões psíquicas. Assim, muito antes de me familiarizar com a perspectiva da individuação junguiana, pude testemunhar algo muito semelhante, com a diferença de que o confronto com os conteúdos (inconscientes) e a relação entre o eu e uma instância maior centralizadora – o Self – não se davam de maneira consciente. Havia, no entanto, nessas improvisações de dança, uma sensação de confirmação do indivíduo, que se traduzia no sentimento de coincidência da expressão exterior com a realidade interior. À medida que isto ocorria nas improvisações, cada vez menos as pessoas se deixavam levar por formas e valores meramente exteriores, e seus

---

* Psicóloga pela USP; licenciada em dança pela UFBA; doutora em Saúde Mental pela Unicamp; analista junguiana pelo C.G. Jung Institut/Zurique; docente do Instituto de Artes da Unicamp; diretora administrativa do Instituto de Psicologia Analítica de Campinas.

movimentos se tornavam cada vez mais fluentes e abrangentes. As pessoas irradiavam, então, bem-estar e uma presença efetiva. Em contraponto, quando o processo interior era ignorado, o trabalho criativo não dava certo. A consciência produzia movimentos ordenados, repetia padrões conhecidos; as pessoas, no entanto, pareciam alheias, e seus movimentos, distanciados. Notei, a partir de mim mesma, que o movimento relacionado com uma camada mais profunda da personalidade fazia surgir sempre novos impulsos, que desenvolviam a improvisação como um fio condutor. Era como se uma configuração interna estivesse presente, a qual, num determinado momento, era cumprida e gerava uma sensação de realização.

Pessoas com a imagem corporal comprometida costumavam apresentar uma fragilidade do eu, parecendo estar separadas de uma função interior reguladora que lhes permitiria a percepção global de si mesmas. Via de regra, a problemática dessas pessoas se apresentava numa crise de identidade, com sentimentos de inferioridade associados a sensações de insuficiência orgânica. Ao propor meus exercícios de movimentação, o objetivo era o de possibilitar o bem-estar com o próprio corpo, assim como o equilíbrio de tensões e uma experiência corporal integrativa.

Quando os movimentos daquelas pessoas haviam atingido uma qualidade fluente e elaborada, e sua percepção interior tinha evoluído a ponto de lhes permitir o envolvimento com a improvisação do movimento livre, tornou-se evidente, também, um aumento da autonomia e da capacidade de autodirecionamento.

Essa autonomia significava tanto a capacidade de reconhecer os próprios movimentos e impulsos internos quanto a possibilidade de conduzir-se na relação com o meio exterior, o que se expressava na atitude frente ao cotidiano. Em conversas com meus alunos, eu me surpreendia ao perceber como passavam a conviver gradativamente melhor com seus conflitos interiores, integrando acontecimentos do passado, ao mesmo tempo em que resolviam mais adequadamente as situações presentes. Esse processo não era consciente ainda: ficava diluído na dinâmica dos acontecimentos. Foi a partir desta percepção que se evidenciou a possibilidade de iniciar uma nova etapa no caminho do autoconhecimento e da realização do eu, a ser buscada, por uns, numa vivência artística mais aprofundada, e, por outros, no confronto consciente com seus anseios e conflitos, um processo terapêutico: escolhi a direção da atividade clínica através de procedimentos expressivos.

Esta atividade clínica foi concebida a partir dos conhecimentos teóricos e clínicos adquiridos no Curso de Formação em Psicologia Analítica no Instituto C.G. Jung, de Zurique (Suíça) e da vivência prática com duas técnicas expressivas específicas (Dança Meditativa e Desenho Livre).

A Dança Meditativa foi escolhida por ter evoluído organicamente a partir de minha formação universitária em Dança Moderna, caminhando através da improvisação para sequências meditativas de movimento, e inserir-se no contexto geral das técnicas meditativas. Entendo por técnica meditativa aquela que focaliza um procedimento ou um objeto (externo ou interno) de maneira calma, contínua e concentrada, evitando qualquer tipo de dispersão. Seu objetivo é o rebaixamento do nível de consciência mental e o encontro com dimensões mais profundas da psique humana, possibilitando a emergência de conteúdos integradores de processos interiores no campo da consciência.

O Desenho Livre foi escolhido por possibilitar a expressão de conteúdos psíquicos inconscientes, o que já foi observado em testes projetivos como os da árvore (KOCH, 1967), da Figura Humana (MACHOVER, 1949) e o HTP [House-Tree-Person] (BUCK, s.d.).

Durante minha formação junguiana, ficou claro que existe uma relação direta entre as imagens interiores e os estados emocionais a elas ligados e os movimentos do corpo no tempo e no espaço.

Nas improvisações de movimento e dança criativa com pessoas tem-se a oportunidade de observar a concordância da expressão externa com a realidade interna, representando um processo de integração que incentiva o desenvolvimento da personalidade em direção à inteireza e ao encontro consigo mesmo de forma mais intensa. A manifestação não verbal dessa integração é confirmada pelas manifestações verbalizadas por essa mesma pessoa durante as sessões de análise.

A oposição dos estados psíquicos está configurada em cada pessoa de um modo diferente. No entanto, é possível observar regularidades no decorrer dos processos integrativos. A integração se dá na vivência simbólica unificadora durante a emergência das imagens. No caminho de individuação surgem, entre outros, os arquétipos do significado, do sentido mais profundo e abrangente da vida pessoal e coletiva. O velho sábio, o orientador espiritual, a velha sábia, a grande mãe são figuras características dessa etapa do desenvolvimento, e já falam de uma interação do Self com o eu.

O Self, também ele, é uma imagem arquetípica que, através do confronto entre as duas dimensões da psique a consciência e o inconsciente integra e unifica a experiência psíquica. Designa a última etapa desse processo de autorrealização e atua como um ímã em relação aos elementos heterogêneos da totalidade almejada. O Self não é apenas o centro da psique: representa o ser todo, cria uma unidade a partir das contradições de sua natureza. Essa experiência arquetípica é expressa nos sonhos e em visões através de muitas e várias imagens. Um símbolo frequente é a criança, que surge, às vezes, como uma criança divina ou mágica. O Self também costuma manifestar-se simbolicamente como um animal, uma figura hermafrodita, por um tesouro, uma pedra preciosa, uma bola de vidro, uma figura geométrica, ou uma flor.

Para exemplificar essa ocorrência na dimensão coletiva cito um texto apócrifo que conta uma parábola da tradição cristã. Trata-se da história de um jovem príncipe, que, enviado pelo rei, seu pai, sai em busca de uma pérola que se encontra num país distante. O príncipe põe-se a caminho para achar o valioso tesouro, porém, em uma de suas paradas, é envolvido pelas diversões da corte de outro povo, esquecendo-se de sua missão. O rei, que fica sabendo de tudo, envia, então, uma carta ao príncipe, lembrando-o de sua tarefa. O príncipe, novamente desperto, volta a procurar a pérola, e encontra-a no fundo do mar. Finalmente, entrega-a ao rei, trazendo, assim, a luz e a plenitude para todos (ROSEMBERG, A. (org.), 1954 – citação livre).

Simbolicamente, a pérola é uma imagem do que Jung chamou de Self, nossa verdadeira natureza interior. O jovem eu, representado pelo príncipe, deve trazer renovação à consciência de seu povo (representado pelo rei) provavelmente enrijecida e ultrapassada, que anseia pela luz e pela inteireza, o que, por sua vez, é representado pela forma e cor da pérola. Durante o percurso, contudo, esse eu imaturo deve confrontar-se com seus aspectos sombrios e, ainda, desconhecidos. Por essa razão, a estada na corte vizinha, com seus divertimentos fúteis, é necessária. Não obstante, o prolongamento desse momento poderia ser fatal para a evolução de uma consciência abrangente e profunda. Assim, a carta representa os apelos do inconsciente, lembrando a verdadeira missão do eu: sair em busca da plenitude e da clareza da pérola, do Self.

Nessa parábola não fica clara a atuação dos arquétipos intermediários entre o eu consciente e as dimensões profundas do arquétipo central (Self), ou seja, não são mencionados a *anima* e o *animus*. Entretanto, nos contos de fadas, é frequente a interferência do príncipe ou da princesa para que sejam obtidos o tesouro e a perfeição. O encontro da princesa com seu príncipe representa, na verdade, o casamento psíquico que conduz à experiência do Self. Esse caminho em busca do eu consciente costuma ser chamado de instauração do eixo entre o eu e o Self (EDINGER, 1989) e é uma experiência que se manifesta pouco a pouco durante o processo de individuação de uma pessoa.

Um outro texto antigo, que se refere à pérola como alto valor integrativo, diz o seguinte:

> O imperador amarelo viajou para o norte e para o sul e, ao voltar de sua viagem, perdeu sua pérola mágica. Então enviou seus emissários mais sábios: a clareza da intuição, a força do pensamento, mas foi apenas a sem-intenção que achou a pérola. "Realmente curioso", disse o imperador, "que sem-intenção tenha conseguido achá-la" (GELEWSKI, 1972).

Em relação ao processo de individuação, como ele é concebido por Jung, essa história é muito elucidativa, pois a imagem inconsciente, que traz o símbolo unificador, não pode ser evocada propositalmente pela consciência. O inconsciente pode ser consultado, ele interage com a consciência, mas jamais se deixará moldar por ela. O inconsciente representa a psique objetiva, que atua por princípios arquetípicos e, sempre que necessário, se constela na vida individual espontaneamente.

O encontro com o corpo

Neste trabalho parti do princípio de que a "Dança é uma forma de Imaginação Ativa" (WOODMAN, 1980) e que os exercícios de Dança Meditativa, associados ao Desenho Livre, oferecem uma ajuda à experiência global e harmoniosa de si, com base num trabalho consciente de integração dos estados emocionais opostos. A imaginação ativa, sendo uma técnica meditativa utilizada por Jung para a evocação de imagens interiores, com efeito criativo e curativo, é de especial interesse nesse contexto.

Como mencionei anteriormente, a experiência da dança meditativa e criativa evidenciou que a modificação observada da postura externa e da vivência interna dos participantes não se devia, apenas, ao efeito de relaxamento proporcionado pelos exercícios de movimentação. O movimento tem um significado intrínseco, seja em sua realidade espacial, como projeção da imagem corporal, seja em sua expressão dinâmico-afetiva.

Através de estudos sobre a simbologia espacial (PRIZHORN, 1972; JACOBI, 1981; SILVEIRA, 1981) sabemos que existe uma correspondência entre as imagens de espaço e de movimento, interiores e exteriores. Esta relação baseia-se em esquemas coletivos, arcaico-dinâmicos, que estruturam e organizam o espaço. Como exemplo, cito a vivência do campo de forças em que atuam as direções básicas no espaço, tais como: cima/baixo, lado esquerdo/lado direito e frente/trás.

Além disso, configuramos o espaço com movimentos redondos e angulares, contrativos e expansivos, simétricos e assimétricos, os quais, por sua vez, nos remetem às regularidades presentes em todo o universo. No entanto, o que sempre se manifesta como novidade nessa estruturação é o espaço que cada indivíduo cria por si mesmo. Espaço e tempo acontecem simultaneamente. O tempo limita a extensão do espaço, possibilitando ao indivíduo estabelecer suas relações vivenciais, que passam a ser registradas pelo corpo. Esses registros podem tornar-se conscientes em várias dimensões (JANS, 1986).

Se contemplarmos as características externas do nosso corpo, ou seja, tamanho, peso, postura, a pele que o cobre, etc., formaremos uma imagem desse corpo em nós, assim como ele é visto por fora. Enquanto a memória reproduzir essa imagem, poderemos, sempre, voltar a ela. Se, em contrapartida, fecharmos nossos olhos e "contemplarmos" nosso corpo pelo lado de dentro, entraremos em outra dimensão: as condições espaciais não corresponderão mais às grandezas externas mensuráveis. Poderemos, então, vivenciar-nos amplos ou estreitos, erguidos ou dobrados, redondos ou pontiagudos; da mesma forma, poderemos sentir um buraco em algum lugar do nosso espaço interior, ou, então, um adensamento, um "nó". Quando fazemos um movimento, outros deslocamentos espaciais são acrescentados. As direções parecem ser ao contrário: o que vai para a frente parece ir para trás, o que se volta para cima parece estar caindo, ou, ainda, direções opostas se unem numa única direção. As relações temporais internas também são diferentes das externas, que podem ser verificadas e medidas. No caso das internas, trata-se mais de uma vivência qualitativa entre os polos de calma e pressa um ir-com-o-tempo ou um lutar-contra-ele do que de uma vivência quantitativa, de unidades de tempo. Também os ruídos audíveis, de fora, nos parecerão modificados, integrando-se outras percepções na paisagem anímica interior, que pode desdobrar-se em imagens, seja numa vivência da imaginação, seja na improvisação de movimento. Nesse momento, uma realidade interior pode vir à luz.

A realização e a observação dos movimentos corporais possibilitam a conscientização dessa realidade interior não apenas para determinadas pessoas, mas pode valer como premissa genérica. Assim, em cada pessoa os estados emocionais se expressam numa sensação espacial interior, que se manifesta na postura corporal e no padrão do movimento. Nesse sentido, o movimento é uma matriz de projeção, sobre a qual, até certo ponto, a experiência interior pode efetuar-se como imagem. As imagens, ou os estados emocionais, que surgem a partir das sequências de movimentos propostos, possibilitam um confronto com a constelação arquetípica ou com a constelação de complexos de uma pessoa. Este confronto pode trazer clareza sobre o estado interno.

A concretização das imagens na dança é uma expressão especialmente viva da realidade interior, pois o acontecimento corporal e a configuração do movimento são simultâneos ao momento da experiência interior. O caráter integrativo, relativo ao momento da dança, e sua relação original com o processo da vida permite-nos vivenciar o corpo como sendo a nossa mais próxima realidade. Podemos nos perguntar, agora, se não é isto que ele é, de qualquer forma. As experiências que vivenciamos como ser corpóreo, com todos os órgãos e funções, nas dimensões de tempo e espaço não representariam elas uma genuína e direta experiência existencial? O corpo é onde moramos, e quanto mais à vontade nos situarmos nesse espaço, tanto mais real e plena se torna a consciência de nossa existência, aqui e agora. Sabemos, contudo, que, para o ser humano adulto ocidental, o corpo, com seus recursos empíricos, já não é o ser mais próximo. Ele é utilizado para alcançarmos alguma coisa, seus movimentos são extrovertidos e relativos aos objetos. A consciência, esta sim, tornou-se a dimensão existencial mais próxima. É ela que determina como devemos agir, quais os objetivos que devemos alcançar, quais percepções são importantes para nós. A criança ainda vivencia o corpo de forma global, com prazer ou dor intensos. Em seu livro *Das Kind*, E. Neuman refere que, na primeira fase de vida (mais ou menos no primeiro ano), a criança existe quase que exclusivamente como corpo. Ela se encontra numa "realidade de unidade original, na qual os mundos parciais, de fora e de dentro do mundo dos objetos e psique não existem..." Segundo a definição de Neuman, a criança, nessa fase, é, principalmente "o Self corpóreo, a totalidade única e delimitada do indivíduo que ocorre pela unidade biofísica do corpo" (NEUMAN, 1980).

A partir desse Self corpóreo forma-se, lentamente, já desde o nascimento, o eu como centro do campo de consciência da criança. Até que esse eu se forme, muitas experiências terão sido armazenadas no corpo, podendo, mais tarde, emergir como imagens ou estados emocionais durante a movimentação. Sabemos que a criança tem uma grande necessidade de movimento. Geralmente, não se trata de movimentos dirigidos, articulados, como os de adultos, mas, sim, de movimentos involuntários, agitados, indecisos, que evocam a impressão de que "algo" se agita na criança. Decididamente, não são movimentos domesticados, e, sim, movimentos selvagens. Kaye Hoffman (1984: 17-18) comenta a esse respeito:

> O movimento selvagem é canalizado, no decorrer da educação, para um movimento codificável, que tem intenção e expressa vontade. Agora não é mais um "pra lá e pra cá", e, sim, um "pra lá ou pra cá'. Exige-se uma decisão, os polos são separados, à vontade, unilateralmente dirigida; apenas em estados de exceção, da mais alta excitação, cai a resistência do ou/ou, e irrompe o querer.

Com respeito a essa citação, vale mencionar que o movimento selvagem significa um "movimento não produzido, apenas permitido" (p. 18) abrangendo desde a grande suavidade e passividade dos rituais até a loucura das erupções extáticas. Parece-me interessante o aspecto de ameaça ou, pelo menos, de constrangimento, que tais movimentos provocam em nós, pessoas civilizadas. Movimentos que não só se distinguem por demasiada intensidade ou aparente fragilidade, mas também pela sua direção difusa no espaço, despertam, frequentemente, no âmbito da sociedade civilizada, o medo da dissolução da personalidade, da desintegração e da morte, situando-se além do limite da motricidade permitida.

Nos rituais dos xamãs, e dos povos primitivos em geral, esses aspectos do movimento fazem parte dos processos iniciáticos, que deverão ser suportados, a fim de ajudar os outros em seu caminho. São os aspectos da transformação da existência humana em seu confronto com as forças elementares da vida e do universo.

Entre nós isto também acontece. O corpo, ao produzir sintomas, nos dá uma informação sobre o psiquismo durante uma fase de desenvolvimento crítica. Nos quadros clínicos, é frequente o aparecimento de movimentos involuntários, como, por exemplo, os tiques. Não obstante, jamais teríamos a ideia de nos deixar conduzir por tais produções autônomas do corpo como se fossem, digamos, ritos de passagem; muito pelo contrário, abafamos essas expressões e tentamos tudo para reaver o domínio corporal a que estamos acostumados.

> Nosso espírito ocidental, que se refere às realidades e fatos, entende por transformação apenas seu resultado. Nosso sentido de movimento, ou seja, nossa compreensão da transformação como movimento que passa de uma forma para outra, como um fio que interliga as formas, esse nosso senso de movimento se perdeu. Ou melhor: ele está soterrado. Pois quando dançamos a dança do cervo (huichol), vivenciamos transformação, e mesmo quando descobrimos em nós o resto da movimentação infantil indivisa, "selvagem", sabemos o que significa transformação... Quando observamos aqueles dançarinos suaves e selvagens, lembramo-nos: tudo é possível, tudo está interligado. Tudo é possível porque tudo está interligado (p. 18).

No movimento criativo, esse estado, em que tudo ainda está interligado, é encontrado com frequência. Quando nós, adultos, voltamos nossa atenção para o corpo, e procuramos restabelecer a ligação com ele, ocorre uma espécie de volta ao materno arquetípico, o retorno à relação entre mãe e filho na primeira fase da vida. A atmosfera afetiva daquela fase em que a pessoa viveu quase que exclusivamente como corpo, bem como as sucessivas modificações posteriores, poderá emergir e se manifestar em muitas imagens. Muitas vezes esse processo é descrito pelas pessoas como uma volta à proteção inicial, em outras é percebida como tristeza das partes negligenciadas. A volta para o corpo e os estados afetivos nele ocultos poderão levar à renovação do encontro com fontes de energia bloqueadas, que devem ser procuradas no próprio corpo.

> É a partir da experiência marcante desta (primeira) fase de vida, de importância decisiva para o desenvolvimento psicológico da pessoa criativa, que se origina uma saudade permanente, que pode se expressar na pessoa adulta tanto regressiva como progressivamente (NEUMAN, 1980: 15).

A saudade de totalidade, inteireza psíquica e dinâmica fluente está colocada na psique humana, dando testemunho da existência de um centro – o Self – que "é, não apenas, o centro de nosso ser, mas também o círculo que inclui a consciência e o inconsciente" (JUNG, 1976: 59).

Assim nunca poderemos vivenciar o que seremos de forma totalmente consciente; poderemos, apenas, vislumbrar e intuir, aprendendo.

> Todo encontro com um aspecto nosso, até então desconhecido, representa um *numinosum*, ou seja, ele tem um valor especial, próprio, com a mensagem urgente de ampliação da consciência. Esse momento brilhante de ampliação sempre significa também um encontro com o nosso Self como totalidade abrangedora (PEREIRA, 1985: 40).

Nesse contexto, o encontro com o corpo e seu movimento deve ser considerado, simbolicamente, como indicação da realidade interior da pessoa, desdobrando-se nas duas direções de sua existência – o passado e o futuro – e adensando-se na consciência do eu, centrada no aqui e no agora.

Corpo e consciência

A licenciatura em dança inclui um estudo muito exato e detalhado sobre a conscientização corporal. Na atividade pedagógica através da dança, o ponto de partida consiste na experimentação consciente do corpo quanto aos vários recursos de movimentação da coluna e das articulações, bem como na inclusão do corpo como um todo dentro de um processo criativo. Além disso, ainda devem ser levados em conta as relações com espaço e tempo e o aspecto energético do movimento. Vale lembrar aqui o que já mencionei antes: o objetivo não se restringe a que as pessoas aprendam a movimentar-se mais livremente, ainda que isto lhes traga mais alegria de viver, mas, sim, o objetivo maior é um contato integrativo consigo mesmo.

Aos poucos, meu trabalho pessoal com a dança criativa tomou o rumo do processo meditativo. A meta dos exercícios elaborados foi atingir a progressiva totalidade harmoniosa da pessoa, com base na compreensão consciente de seus estados emocionais que, frequentemente, se encontravam em conflito.

Durante a vivência das sessões, isto se traduziu no desdobramento em diversos temas, dados a seguir:

1) percepção e configuração de espaço, tempo e energia que, em conjunto, formam o continente para a dinâmica interior; por exemplo, improvisações com peças musicais lentas e rápidas, expansivas e introvertidas, diretas e reticentes.

2) A realização, sempre retomada, de exercícios de consciência corporal, claramente estruturados, que favoreçam a sensação de segurança, possibilitando, a seguir, o envolvimento com uma atmosfera criativa.

3) Execução de sequências de movimentos, cujo caráter ritualístico favoreça a evocação de imagens arquetípicas; por exemplo, exercícios em círculo, com padrões rítmicos em andamento lento, retomando alguma ação primordial do ser humano.

Os temas dos movimentos desdobraram-se em três tipos diferentes de exercícios, conforme segue:

a) sequências estruturadas de movimentos básicos que desenvolvem, organicamente, uma consciência elementar do corpo;

b) exercícios meditativos na forma de pequenas coreografias em espaço reduzido, introduzindo, de forma consciente, a calma como força ordenadora e centralizadora;

c) improvisação livre de movimentos diretamente relacionados com as peças musicais selecionadas, nas quais prevalece o confronto exploratório com os aspectos espaciais, temporais e dinâmicos do movimento.

Todos esses exercícios conduzem a um rebaixamento temporário do nível de consciência mental, proporcionando uma vivência intensa da integração do indivíduo consigo mesmo e com seu ambiente.

No trabalho corporal a pergunta é: será que o corpo possui uma consciência própria, ou trata-se de um processo intelectual subordinado ao eu? As minhas observações clínicas revelam que o corpo possui uma capacidade perceptiva e uma inteligência próprias, que se distinguem da consciência egoica em muitos aspectos. O corpo possui uma memória mais antiga e mais ampla, pois conserva o registro de fatos que não estão mais presentes em nível consciente. Essa memória vai além da história individual e possibilita clareza e certeza nos comportamentos corporais especificamente humanos, como pode ser observado, por exemplo, em situações de agressão, defesa, reprodução, etc.

Isto se deve ao fato de que, na vivência corporal, incidem as dimensões instintiva e arquetípica da experiência humana.

> Os instintos, como formas típicas de comportamento e reação, e os arquétipos, como formas de apreensão, formam o Inconsciente Coletivo...
>
> Na minha opinião, é impossível dizer o que vem em primeiro lugar: se a apreensão ou o impulso para agir. Parece que os dois constituem uma só e mesma coisa, uma só e mesma atividade vital que temos que conceber como processos distintos, a fim de termos uma compreensão melhor (JUNG, 1983: 69-74).

Para exemplificar essa concepção, quero citar os grandes jogadores de futebol. Eles nos mostram pela sua movimentação que abrangem todo o campo com sua inteligência corporal. Se houvesse interferência de sua consciência mental, suas jogadas poderiam ser previstas pela lógica, o que não acontece. O que torna esses jogadores geniais é sua capacidade de se entregar às percepções corporais. A pessoa mais ligada ao corpo permite que essa função flua.

Outro exemplo são as observações feitas por pesquisadores na selva, testemunhando que o sentido de orientação dos povos aborígines é muito maior do que o dos expedicionários civilizados. Da mesma forma, a queda de uma criança raramente causa ferimentos tão graves como num adulto. A criança cai em concordância com o movimento das articulações, deixando-se conduzir pela coordenação do próprio corpo. Já num adulto, a própria consciência mental pode trabalhar contra essa coordenação natural e, ao invés da pessoa se deixar cair no fluxo do movimento, acaba por ocasionar a fratura de um osso (além do fato conhecido de a estrutura da criança ser mais flexível).

Em relação à qualidade das duas dimensões de consciência, a mental e a corporal, um exercício que representa os quatro elementos – terra, água, fogo e ar – torna muito clara a diferença entre elas. As associações dos movimentos que surgem presumem o antigo parentesco do corpo com a essência desses elementos, pois o corpo demonstra saber expressar com muita nitidez o que, por exemplo, faz parte do elemento terra. Os movimentos expressam uma interação que dificilmente poderia ser feita através da pura associação mental. O que vem à tona não é apenas o efeito da força de atração da gravidade, a queda, o empuxo, a sensação de proteção, mas também o impulso do crescimento e da aspiração, o chamado das montanhas, das alturas.

O corpo, assim, pode assumir a função de um mestre, pois, como microcosmo, ele tem um parentesco intrínseco com o macrocosmo. Em sua constituição, estão presentes os quatro elementos; a história do desenvolvimento da vida está sedimentada em sua estrutura: ele próprio é um pequeno mundo. Sua capacidade de percepção e expressão é mais abrangedora do que a consciência individual. O corpo sabe o que lhe convém, e certamente atingirá seu objetivo se a consciência não trabalhar contra. Cabe, porém, ressaltar que nenhuma das duas dimensões de percepção deve ser encarada de forma absoluta, nem devemos orientar-nos apenas pelo corpo, ou apenas pela consciência do eu. Ambos têm a sua contribuição a dar. A consciência egoica preenche muitas funções importantes no desenvolvimento da pessoa, e uma delas é a capacidade reflexiva. Ela pode obter clareza sobre seus conteúdos e regularidades, o que o corpo não faz. Se dirigirmos, então, nossa consciência mental para o corpo, proporcionaremos um desenvolvimento da autoconsciência.

Hoje é imperativo trabalhar o corpo, seja porque o consumismo reinante induz à preocupação com o bem-estar e o conforto, seja porque uma vontade de libertação se encaminhou para a prática de dança, natação, corrida e equitação. Além disso, nas camadas sociais que possuem recursos para atender seus desejos, surgiu a tendência de querer dominar o próprio corpo, para, por assim dizer, "tornar-se senhor em sua própria casa", o que pode servir de compensação para a grande impotência que sentimos diante dos fatos consternadores apresentados pela mídia no nosso cotidiano. No entanto, não é apenas descarregando energias que se dissolve a pressão interior. Os sentimentos precisam achar sua expressão, e o impulso inconsciente, que faz aflorar determinados conteúdos na consciência, precisa ser realizado. Assim, o encontro com o corpo no movimento criativo ou meditativo pode trazer, além da renovação das forças, o incremento da consciência e um fluir livre da energia vital.

Duas dimensões do inconsciente

Devemos fazer uma distinção entre a dimensão física e a dimensão psíquica do inconsciente. A dimensão psíquica se expressa quando se faz um exercício de imaginação pura, permitindo que as imagens venham. Após a realização de uma sequência de movimentos, é ativado um outro tipo de imagens, que, presumo, origina-se do inconsciente somático. Em seu seminário sobre Nietzsche, Jung fez essa distinção, dizendo o seguinte:

> Existe uma ligação entre a consciência e o inconsciente que, por um lado, conduz à dimensão puramente espiritual ou psíquica, e, por outro, à dimen-

são corporal e material. Quando nos movimentamos na direção do espírito, o inconsciente se torna o inconsciente psíquico; quando nos movimentamos na direção do corpo, ele se torna o inconsciente somático...

Corpo e psique são dois aspectos da mesma realidade, diferindo entre si apenas porque a consciência os vê de forma diferente...

Quando nos aproximamos do inconsciente a partir da estrutura do ego, suas manifestações psíquicas e somáticas constituem uma fonte de experiências deveras distintas (apud SCHWARTZ-SALANT, 1988: 119).

No meu trabalho proponho exercícios de movimento em pequenos grupos, e o desenho livre a partir das imagens que surgem durante a experiência com o movimento. Essas imagens são desenhadas, observadas e comentadas, tanto em sessões de grupo quanto individuais. Através do diálogo sobre as séries de imagens e dos relatos do que foi vivenciado durante o movimento, penso que se evidencia um trabalho de integração específico, que corresponde, de certa forma, à situação analítica.

Ao longo da interpretação das séries de imagens é possível constatar algumas diferenças entre aquelas produzidas pelos exercícios de imaginação pura, realizados na situação de atendimento em consultório, e as imagens que se originam do trabalho com exercícios corporais. Nesse sentido, é necessário ter presente a referência ao roteiro de movimentos específicos efetuados na primeira parte das sessões de nossos grupos de trabalho, já que este roteiro, junto com a constelação psíquica atual do indivíduo, desencadearia o processo imaginativo.

Uma característica da imaginação que brota do inconsciente somático parece ser a concentração numa vivência importante, uma focalização dos acontecimentos, o que também significa uma simplificação das imagens. Assim como o corpo, mais direto e menos ágil do que a consciência, que a qualquer momento é capaz de realizar saltos amplos e variados, o inconsciente somático, em sua vivência e manifestação, parece trazer à luz processos imagéticos menos diversificados, porém, mais centrais. Em contrapartida, as imaginações com as quais nos ocupamos no trabalho analítico e que emergem, geralmente, do inconsciente psíquico, podem desdobrar-se diante de nossa visão interior em possibilidades de caminhos muito complexos e, até mesmo, prolixos.

O ponto de partida fundamental deste trabalho com a dança é a experiência elementar do movimento a partir da introdução de sequências de movimentos básicos que reativam o contato com a realidade corporal, uma vez que este facilita a aproximação do inconsciente. Os exercícios não pretendem produzir artificialmente alguma coisa, e, sim, reativar o que foi soterrado: nosso senso de movimento. Através de padrões de movimentação simples, vivenciamos como o corpo se expressa organicamente, de acordo com a sua natureza. De forma similar, quando lidamos com o âmbito arquetípico, presente nos contos de fadas, verificamos como a psique pode funcionar de modo otimizado e objetivo. Ambas as atitudes, tanto o confronto com os padrões de comportamento nos contos de fadas quanto a vivência da regularidade das manifestações do corpo, podem ter um efeito curativo sobre a pessoa.

Em relação ao aspecto energético, a maior preocupação é com a dissolução dos bloqueios que se cristalizaram no corpo ao longo da história individual. Quando percebemos o tanto de energia que uma pessoa é capaz de despender numa situação de necessidade, tomamos consciência de como a utilizamos pouco e da quantidade que está represada. Se observarmos cada trecho da articulação durante uma sequência de movimentação – por exemplo, como um braço pode ser movimentado de forma lenta ou rápida, em diversas direções e com intensidade variada – e procurarmos sentir o que isso desencadeia em nós, geralmente poderemos também perceber onde nossa energia não flui. Sentimos a articulação da mão, do cotovelo, do ombro, e sentimos que podemos erguer esse braço e deixá-lo cair em concordância com essas articulações. Tomamos contato com nossa percepção de espaço e vivenciamos a polaridade cima/baixo. Ao mesmo tempo em que estamos firmemente colocados no chão, confirmando nosso ponto de inserção, podemos distender um braço para cima, como se fosse uma lança. Em cada pequeno trecho do movimento percebemos a modificação do corpo e as correspondentes sensações espaciais. A realidade corporal é reconhecida e integrada à consciência. Já não é mais a vivência espontânea do corpo, como ocorre na criança e no homem primitivo; contudo, é possível construir uma ponte entre as dimensões inconscientes do corpo e a consciência do eu.

Quando uma pessoa passa por todo esse processo e depois a observamos executando uma improvisação livre de movimentos, constatamos que algo da experiência original de unidade foi restabelecido. Ao praticar as sequências elementares de movimento, lentamente é reconstruído o contato da mente com o corpo, tornando-se assim conscientes os efeitos da interação entre as duas dimensões, bem como entre a realidade externa e os estados afetivos interiores. Posso exemplificar isso da seguinte maneira: estou sentada, escrevendo, numa postura tensa. O ombro esquerdo está levemente erguido, a cabeça ligeiramente inclinada para trás, a mão esquerda fechada, com mais força do que a necessária para a situação. Percebo que estou "segurando" alguma coisa que não consigo soltar. Procuro entrar em contato com meu estado de espírito, e, digamos, percebo estar um pouco deprimida e também com um pouco de medo. Assim, instalou-se um círculo: postura física, sensação espacial, estado de espírito. Em algum ponto preciso começar a mudar a situação: na postura física ou no estado de espírito. Se procurar entender o estado de espírito, captando sua origem, é possível que a tensão corporal se dissolva. Ou não. É frequente existirem bloqueios corporais durante anos, que não correspondem mais ao estado de espírito atual. No trabalho de massagem são encontrados verdadeiros nós em várias partes do corpo. Trabalhando um desses nós a tensão é dissolvida, podendo provocar explosões de sentimentos muito fortes. O corpo tem uma longa memória e, num certo sentido, é rígido. É como um animal, que não mais desaprende o que nele se imprimiu; como, por exemplo, um elefante que, muitos anos após, ainda sinaliza uma pancada que recebeu. O corpo carrega longamente o vestígio de vivências e estados afetivos. Assim, o trabalho de consciência corporal pode ser um progresso no caminho da autoexperiência.

O importante é começar a trabalhar nas duas dimensões, no corpo e na psique, e perguntar o que emerge em si. Uma interação viva entre os dois âmbitos de experiência ensinará a respeitar as motivações centradas no corpo e a observar seus efeitos sobre a dimensão psíquica. Retomar uma relação com o corpo é reconhecer que este também é o eu, e possibilitar que se viva de modo a integrar as experiências. Na relação entre o eu e o Self também pode ser observada uma autonomia entre essas duas dimensões: corpo e psique. Mais uma vez, no seu seminário sobre Nietzsche, Jung nos diz:

> o Self é ambas as coisas: corpo e psique; o corpo é sua manifestação externa... A alma, a vida do corpo. Se não vivermos, se não expressarmos o Self, em sua originalidade, na vida, então ele vai se rebelar (p. 119).

Através dos exercícios meditativos, não pretendo fazer o corpo "funcionar" para alcançar objetivos que estejam diante de mim, mas sim tematizar suas sequências, como, por exemplo, o movimento no eixo vertical. O trabalho de consciência consiste em lidar de forma introvertida com o corpo, vendo nele um mundo interno e subjetivo. Assim, o corpo é vivenciado como sujeito, e não como ferramenta para realizar ações práticas. A consciência do eu se integra com a vivência interior durante as sequências de movimentos exteriores. Surge, daí, um sentimento de unidade no aqui e agora.

Os exercícios meditativos

A minha escolha pelos exercícios meditativos ocorreu em função da experiência obtida durante muitos anos em grupos de vivência, quando pude verificar que podemos sentir melhor quem somos, como estamos e para onde vamos, se trouxermos um tempo de calma para nosso modo de vida agitado.

"O tempo permite que as coisas aconteçam; ele, o fluxo dos eventos, o desdobrar da experiência. O tempo nos dá a oportunidade preciosa de viver, de nos desenvolvermos, de crescer e também de apreciar a nossa natureza interior" (TULKU, 1989: 124). "Quando temos a atenção meditativa, sabemos como atingir cada experiência e, consequentemente, não somos empurrados nem presos em armadilhas, pelas expectativas, decepções ou desilusões" (p. 580).

Sabemos que a postura corporal se constrói a partir do estado interior e que este, por sua vez, é marcado pela postura corporal. Quando vivenciamos determinadas sequências de movimentos – que, em sua simplicidade e universalidade, podem ser considerados gestos arquetípicos – executados de forma extremamente lenta e mantendo o fluxo do movimento, revela-se uma percepção interior que constitui o continente dos processos psíquicos. A consequente vantagem é a de não se poder fugir do aqui e do agora para um mundo de fantasia (que aqui entendemos como diferente da imaginação), e que também não se pode dispersar a atenção, falando. O corpo é feito de carne e ossos; ele está atravessado no nosso caminho de uma forma concreta e ajuda-nos a ter *insights* importantes, que permanecem, desenvolvendo em nós uma atitude de escuta interior, e de uma profunda autopercepção.

Com respeito ao meu trabalho com exercícios modelares, é importante dizer que estes devem ser encarados como matrizes, não precisando ser, necessariamente, imitados. As posturas básicas apresentadas nesses exercícios podem valer como configurações elementares, devendo cada indivíduo executá-las à sua maneira pessoal. O caminho entre a minha postura vertical e a posição vertical anatômica, tal como ela é dada pelo corpo – pela coluna, pelas articulações e pelo tônus equilibrado dos músculos –, é um caminho através dos conteúdos pessoais, com todas as gradações individuais possíveis. Enquanto as pessoas seguem seu caminho dentro de um modelo dado, elas têm a possibilidade de sempre de novo sentir, por repetidas vezes e renovadamente, como vivenciam cada uma das posições. A atenção interior registra a gradação existente entre o ser humano em sua estrutura anatômica e o seu caminho pessoal para ela.

Na descrição dos primeiros exercícios estruturais perceberemos que se trata de posturas básicas muito simples, que servem a uma linguagem corporal, tal como os elementos básicos gramaticais servem à linguagem falada e escrita. Esses exercícios desenvolvem a consciência do ponto de apoio, das diversas articulações e do centro do corpo. Simultaneamente, no entanto, eles constituem uma introdução à dimensão simbólica da percepção espacial disponível a todo ser humano, que faz com que o movimento flua num leito comum. O caminho é representado pela sensação interior: Como vivencio a postura neutra, anatomicamente correta? Como é minha própria postura? Por exemplo, podemos detectar que no estado atual ainda não conseguimos manter a coluna vertebral inteiramente relaxada. Portanto, existem tensões ali que necessitam de um caminho de integração das oposições, nas dimensões física e psíquica. Quando estas tiverem se integrado poderei realizar, sem tensões, este modelo arquetípico, que é a postura anatômica.

As sequências estruturadas de movimentação, apresentadas a seguir, dão início ao trabalho nos cursos. Essas sequências representam uma seleção de um número maior de exercícios semelhantes. A posição inicial para essas primeiras sete sequências é em pé.

Exercícios estruturais

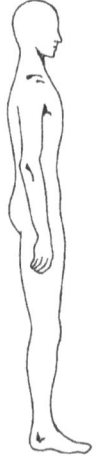

Postura básicado exercício 1

1) Nós nos colocamos, eretos, em nosso lugar. A superfície de apoio, as plantas dos nossos pés, recebe o peso por igual; as articulações dos joelhos estão flexíveis, permeáveis, e a coluna vertebral se ergue, vértebra por vértebra. Como última vértebra, a cabeça encima a postura ereta, descansando sobre a nuca. A respiração flui leve, inspirando e expirando. Os braços pendem soltos dos ombros (veja o desenho da "postura básica do exercício 1"). Nessa postura vivenciamos o fluxo de energia, de baixo para cima e de cima para baixo. De olhos fechados, sentimos como nossos limites se estendem para além, em ambas

as direções. Vivenciamos nossa extensão em três partes: da parte baixa, passando para a parte central e para a parte superior, como se fôssemos uma árvore, cujas raízes estão firmemente plantadas no chão e que se eleva através do seu tronco, atingindo as alturas com seus galhos. Os pés são como raízes, a coluna vertebral representa o tronco e a cabeça é a copa da árvore. Nós nos situamos nesses três níveis, tanto no plano concreto e natural quanto no plano psicológico e espiritual. Permanecemos nessa postura por algum tempo; depois, fazemos um movimento lento de vai-e-vem, descrevendo um círculo sem sair do nosso lugar, até, o seu limite, e, depois de algum tempo, voltamos para a postura ereta inicial.

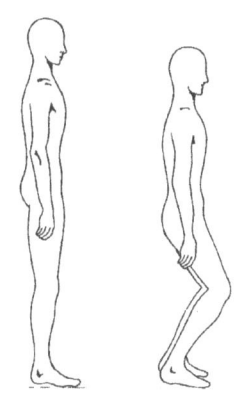

2) Dobramos lentamente os joelhos e observamos como as articulações dos pés e a posição da bacia se alteram simultaneamente (veja o desenho da "postura básica do exercício 2"). Permanecemos com os joelhos dobrados, como se estivéssemos sentados, eretos, num banquinho. A energia está concentrada na bacia. O eixo vertical continua agindo, estendendo-se pela parte de trás da cabeça para baixo, ao longo da coluna e do osso sacro, até penetrar o chão, e de volta até, alcançar o topo da cabeça e ultrapassá-la. Os braços pendem soltos, os ombros estão livres. Depois voltamos a alongar os joelhos e a reassumir nossa postura ereta. A energia se distribui por todo o corpo e o peso está distribuído por igual sobre a superfície de apoio dos pés.

Postura básica do exercício 2

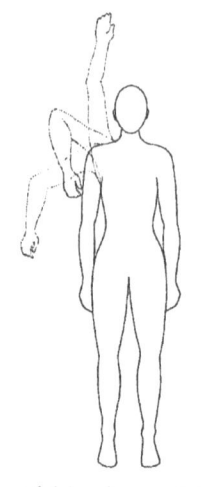

3) Estamos na postura ereta e, lentamente, erguemos um braço através das articulações do cotovelo e da mão (veja o desenho da "postura básica do exercício 3"). Nós o estendemos até a ponta dos dedos. Percebemos na polaridade vertical os pés firmemente em contato com o chão, o braço todo estendido para cima. Depois, deixamos o braço cair frouxamente pelas articulações, e permanecemos imóveis por um tempo, até a energia voltar a se distribuir por igual. Repetimos o exercício com o outro braço e, depois, com ambos os braços.

Postura básica do exercício 3

4) Levantamos um pé a partir do calcanhar, de forma que ele se posicione em seu eixo vertical (veja o desenho da "postura básica do exercício 4"). Depois, deixamos que ele volte à posição normal, enquanto dobramos ambos os joelhos. Voltamos à postura ereta, erguendo ambos os braços pelas articulações. Deixamos ambos os braços caírem frouxamente, enquanto tornamos a dobrar os joelhos. A atenção de-

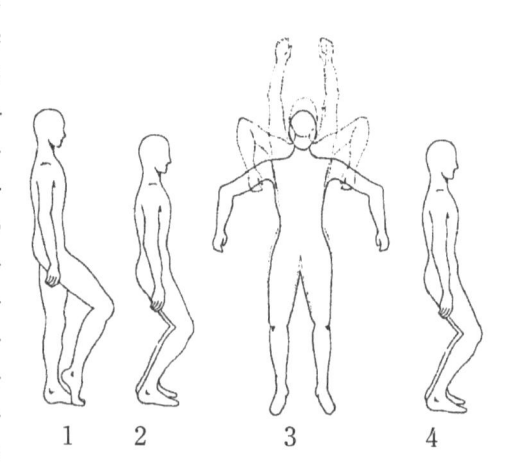

1   2   3   4

Postura básica do exercício 4

ve estar concentrada na bacia, para que não se forme um côncavo na região lombar. No final, reassumimos nossa posição ereta inicial. Este exercício reúne os movimentos descritos nos itens 2 e 3, acrescentando o movimento inicial do pé.

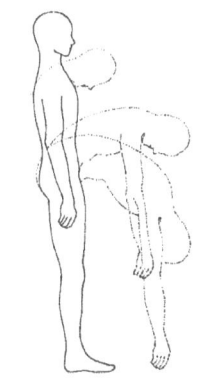

5) Passamos a enrolar nossa coluna, lentamente e com muito cuidado (veja o desenho da "postura básica do exercício 5"). O início é dado pela cabeça; a seguir, vêm as vértebras da nuca, a região dos ombros, o tronco e a bacia. Finalmente, deixamo-nos balançar – como uma peça de roupa no varal – de forma frouxa e solta, seguros pela cintura pélvica. O peso está uniformemente distribuído sobre os pés. A coluna se alonga, a cabeça pende solta; os olhos estão fechados, a respiração flui tranquilamente. Compensando eventuais deslocamentos laterais da coluna vertebral, lentamente, vértebra por vértebra, partindo da bacia, reassumimos nossa postura ereta inicial.

Postura básica do exercício 5

6) Estamos de pé; passamos a dobrar os joelhos e, simultaneamente, arredondamos a bacia e os ombros para frente, de forma que os ombros e os quadris estejam uns em cima dos outros (veja o desenho da "postura básica do exercício 6"). A cabeça pende, os braços também; a energia está concentrada no meio do corpo. Chamo a essa postura "meia-lua" porque os extremos superior e

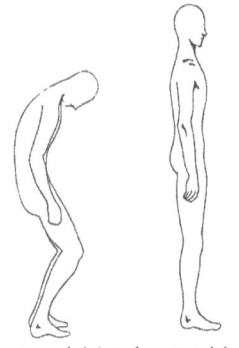

Postura básica do exercício 6

inferior da coluna estão voltados um para o outro, tal como as pontas da meia-lua. Depois, voltamos a abrir nosso corpo, compensando as tensões e permitindo que a energia flua em todas as direções, e retornamos a nossa postura ereta.

Estes seis exercícios introdutórios referem-se aos três níveis básicos de relação com o espaço. Com uma sequência um pouco mais complexa pode ser dada expressão a uma outra dimensão vivencial, somando-se o eixo horizontal e o desdobramento para os lados. Trata-se do plano em que o ser humano situa-se no mundo, o plano das relações entre o eu e o tu. Além disso, a intercessão entre a vertical e a horizontal proporciona a experiência do centro, em que todo movimento entra em repouso para permitir sua renovação.

7) A sequência começa, abrindo-se os braços no eixo horizontal (veja o desenho da "postura básica do exercício 7"). Erguemos os braços lentamente para os lados, sentindo o campo de energia que se forma de ambos os lados do corpo. Em seguida, dobramos o corpo –? as articulações dos joelhos, a bacia, os ombros, a nuca e a cabeça, tudo se arredonda simultaneamente, formando a silhueta da meia-lua. Os braços se arredondam, formando um grande círculo na frente do corpo, na altura da cabeça. A energia que, como um leque, se

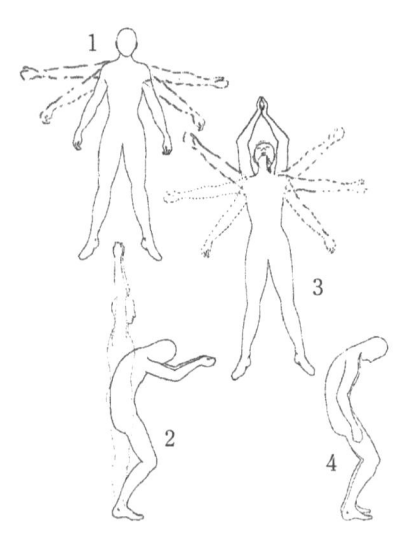

Postura básica do exercício 7

formou ao se erguer os braços, concentra-se agora no meio do corpo e dentro do anel formado pelos braços. A silhueta arredondada se transforma num recipiente, que pode ser detectado na parte frontal e na parte de trás do corpo. Esta postura transmite uma sensação de concentração, de recolhimento, de aconchego. O próximo passo transmite uma sensação completamente nova: esticamos os braços para cima da cabeça e erguemos nosso corpo, estendendo-o na vertical, eretos como uma vela ou uma flecha. Toda energia está concentrada no eixo vertical. Sentimos o chão firme sob os nossos pés e vivenciamos a ligação cima/baixo através do corpo. A seguir, nossos braços descrevem um grande círculo, expandindo nosso peito; aos poucos, voltamos para a postura da meia-lua, deixando pender nossos braços frouxamente. O último passo é a volta à postura ereta, permitindo que a energia se distribua naturalmente, e respirando com regularidade e sem esforço.

Estes sete exercícios podem ser repetidos em tempos variados, mas sempre com muita calma, a fim de se perceber toda e qualquer modificação do corpo, por menor que seja. Aos poucos, nos conscientizamos de que as diversas partes do corpo se juntam em uma só forma interior; o fluxo de energia se desloca, se concentra e se distribui novamente de maneira uniforme; a polaridade vertical se comporta de maneira complementar à polaridade dos lados. Finalmente, conscientizamo-nos do centro do nosso corpo e descobrimos se o mesmo está deslocado ou se o seu posicionamento atual se confirma.

Podemos fazer exercícios estruturais semelhantes na posição deitada. Trata-se, no caso, de conseguir o dobramento e o desdobramento da silhueta, de encontrar o ponto central no meio do corpo, de achar os dois eixos, vertical e horizontal, e de provar a flexibilidade e a permeabilidade da coluna e das articulações.

Exercícios meditativos

À regularidade de manifestação do corpo corresponde uma regularidade interior psíquica. Pessoas diversas experimentam as sequências meditativas modelares de modo semelhante, porque os movimentos se apoiam numa estrutura básica geral, e as pessoas respondem a partir de sua vivência pessoal dessa constelação arquetípica.

O desenvolvimento desses exercícios se deu através das minhas próprias improvisações. Sempre trabalhei sobre peças musicais calmas, ao som das quais improvisava repetidamente, até encontrar determinadas sequências que me pareciam condizentes com meu estado interior. Só mais tarde comecei a me ocupar conscientemente do seu conteúdo simbólico. O significado dessas sequências é determinado pela história de vida de cada indivíduo. Também aqui atuam configurações arquetípicas de forma latente; no entanto, essas pequenas coreografias são como mundos a serem recriados e cada pessoa preenche as sequências com conteúdos diferentes. Quase sempre o estado interior básico é parecido, já pela qualidade da peça musical e pela estrutura do exercício. Igualmente, o significado simbólico é experimentado de forma mais ou menos parecida, apesar de cada um se encontrar num estágio distinto do seu processo individual, resultando em diálogos interessantes na troca de informações no final das sessões.

Desenho de aluno

Primeiro exercício

Adotar uma postura fechada, no chão, como se fosse uma semente, ou um ovo, enfim, algo bem fechado. Durante toda a peça musical (sugiro Tomaso Albinoni, *Adagio a cinque*, para oboé e instrumentos de cordas) abrir o corpo muito lentamente e com muito cuidado, sentindo com exatidão de onde vem o impulso do movimento e como deseja se desenvolver. Sem interrupção, o exercício prossegue para uma improvisação de movimentos livres, a partir do momento em que cada um se reconhece como aberto, querendo ampliar essa abertura. Os olhos permanecem fechados ou semicerrados. Quando a música terminar, ficar deitado, reconstruindo pela sensibilidade o que se passou. Em seguida, desenhar livremente. (As figuras que ilustram esta parte são desenhos de alunos de diversos cursos.)

Segundo exercício

Retomando a concentração obtida, continuar o exercício da primeira sessão, passando da abertura para o movimento livre, sobre uma peça musical (W.A. Mozart, *Larghetto* – quinteto de clarinetes em lá maior, KV 581). Em seguida, realizar uma outra evolução de movimentos: sentados, ou ajoelhados, abrir lentamente os braços para os lados e sentir a dinâmica entre esses dois polos. Depois, aproximar os braços e as mãos, juntá-las e fechá-las. Este é o gesto preparatório. O exercício propriamente dito é abrir lentamente as mãos diante do corpo, ali onde ele é experimentado como ponto central. Os olhos se voltam para as mãos e acompanham o movimento de abertura. O exercício termina no momento em que cada um decidir que suas mãos estão abertas. Em seguida, passar ao relaxamento e à percepção do que foi vivenciado. Proceder ao desenho.

Terceiro exercício

Novamente dar continuidade à sessão anterior: na posição sentada, abrir os braços para os lados, aproximando-os em seguida e unindo as mãos. Esse gesto preparatório é feito sem música. Quando todos estiverem com as mãos unidas, a música (J.S. Bach, *Sonata para flauta*, BWV 1020) é introduzida. Abrir com vagar as mãos e acompanhar o movimento com os olhos. Depois, aproximar as mãos do rosto. Num determinado ponto desse trajeto, escolhido individualmente, fechar os olhos e aguardar o encontro das mãos com o rosto. Alcançando o rosto, as mãos pousam cuidadosamente sobre ele e permanecem ali por um tempo. Depois, retirar delicadamente as mãos do rosto – assim como se retira um véu – e deixá-las deslizar lentamente ao longo do corpo, para, depois, em postura de relaxamento, sentir o que se passou. Em seguida, desenhar.

Quarto exercício

Este exercício está intimamente ligado à peça musical escolhida por apresentar uma estrutura clara de oito frases musicais. Trata-se de uma sarabanda para cordas, de Pachelbel ("Sarabanda para cordas" da Suíte n. 6). A evolução de movimentos é formada por oito unidades, que correspondem às oito frases na música. De início, colocar-se ereto e, durante a primeira frase, dobrar-se uniformemente num relaxamento central, formando a silhueta da meia-lua. Durante a segunda frase, des-

Desenho de aluno

dobrar-se novamente para a postura ereta. Durante a terceira frase, repetir o primeiro movimento. Na quarta frase musical, voltar à postura ereta e, ao mesmo tempo, erguer os braços para a horizontal. Durante a quinta frase, dobrar-se novamente, baixando os braços para a posição inicial. Na sexta, erguer o tronco e os braços para o alto. A caixa torácica fica aberta e a cabeça um pouco reclinada para trás. Durante a sétima e oitava frases dobrar-se e desdobrar-se, respectivamente, pela última vez. Na posição final, ficar ereto, toda a silhueta erguida, a caixa torácica distendida e a cabeça levemente reclinada para trás e voltada para o alto. Esta sequência refere-se, principalmente, ao abrir e fechar do ponto central no meio do corpo. Os movimentos periféricos dos braços são ocasionados pela percepção espacial, compensando um pouco o campo energético polarizado na vertical.

Finalmente, sentir o que se passou, e desenhar.

Quinto exercício

Estas sequências podem ser descritas como "exercícios de confiança". Primeiro, trabalhar sem música, cada um por si, em seu lugar, sentindo seu ponto de inserção no espaço e a postura ereta. Depois, perceber os limites pessoais, num vaivém para frente e para trás, até o limite máximo do nosso lugar de apoio. Repetir essa experiência em três pessoas, sendo que duas amparam a terceira, que está de olhos fechados. Deixar-se cair requer a superação de uma boa porção de medo e a

Desenho de aluno

capacidade de confiar. No entanto, o movimento de cair é experimentado com muita alegria quando é dada a permissão para isso acontecer. Num terceiro momento, ampliar este exercício, juntando todos os membros do grupo em torno de um voluntário, que balança do centro para os lados, sendo amparado pelos demais. A direção em que a pessoa desliza dentro do círculo fica em aberto, podendo ser impulsionada pelos outros, sem colaborar ativamente com isso. Na repetição, a pessoa pode ser embalada de um lado para outro, na posição deitada. Nessa série, é de extrema importância que o trabalho seja desenvolvido com a máxima delicadeza, pois o indivíduo que se submete ao processo de olhos fechados pode estar muito vulnerável. Em seguida, todos ficam deitados, sentindo o que vivenciaram. A seguir, fazem o desenho.

Outra unidade desse exercício é uma ciranda baseada num cânone de Pachelbel. Depositar a mão direita sobre o ombro esquerdo do vizinho à frente e executar os seguintes passos, em círculo, continuamente: três passos para frente, um passo para trás. Desta forma, também é obtido um embalo, um avançar e recuar, e um amparo proveniente da energia do grupo. Como última unidade, é executado o mesmo passo, desta vez aos pares, sendo que um se deixa guiar de olhos fechados, enquanto o parceiro o orienta, segurando uma de suas mãos e exercendo uma leve pressão na região sacro-lombar. Fazer uma breve troca de impressões sobre o exercício e o que ele provoca.

Sexto exercício

Assim como no início do último encontro, também nesta sequência de exercício trabalhar sem música. Todo o tempo da sessão realizar o relaxamento das articulações, de tal forma que sempre duas pessoas trabalhem juntas. Uma se deita no chão, a outra solta, primeiro de um lado do corpo, depois do outro, suas articulações de mãos, cotovelos e ombros, depois as articulações dos pés, dos joelhos e da bacia. No final, faz um relaxamento da cabeça e da nuca. A seguir, os parceiros trocam de lugar. Cada participante executa os movimentos de relaxamento de forma diferente, dependendo de sua sensibilidade e capacidade de percepção do outro. É importante que aquele que assumiu a parte ativa do trabalho receba a orientação de, primeiramente, tomar contato com o outro antes de manipular o corpo deste, para depois, passo a passo, descobrir suas possibilidades de movimentação. A pessoa que assume a parte passiva, deitada, tem a tarefa de se soltar inteiramente, relaxar os músculos e de "abdicar" da própria vontade por esse período de tempo. Simplesmente entregar-se, para vivenciar o relaxamento por inteiro, tarefa nada fácil. Após o exercício, informar-se mutuamente do que foi vivenciado em conversas a dois, a saber, os dois que fizeram juntos o exercício. Em seguida, se houver a necessidade, fazer o desenho livre.

Sétimo exercício

Este exercício é executado com uma pedrinha ou um pequeno objeto, que cada um traz de casa. Essa pedrinha deve ter algum significado íntimo, para que possa haver, na sequência, uma transferência pessoal de conteúdos.

O exercício se desenvolve em quatro unidades. Sugiro um trecho de um rondó de Mozart, repetido por três vezes (W.A. Mozart, *Rondó para piano e orquestra*, KV 382). Dar início na posição sentada e, durante o primeiro trecho musical, tomar a pedrinha com a mão direita de cima do joelho direito e passá-la por sobre o ombro esquerdo, inclinando o corpo levemente para a diagonal esquerda posterior. Fazer um exercício interior de percepção sensível neste lado do corpo. Durante a primeira repetição da música, tomar a pedrinha, descrever um grande arco por sobre a cabeça e levá-la para o lado direito, inclinando o corpo novamente, desta vez para a diagonal direita posterior. Sentir este lado do corpo. Durante o terceiro trecho, levamos a pedrinha para o outro lado, conduzindo-a para a mão esquerda que está pousada sobre o joelho esquerdo. A mão se fecha sobre a pedrinha que é envolvida pela mão direita. No quarto trecho, tomar a pedrinha com ambas as mãos e conduzi-la até o meio do corpo, permanecendo ali. Em seguida, sentir o que foi vivenciado e repetir o exercício, começando com a mão esquerda e desenvolvendo toda a sequência a partir desse lado. Ao final do exercício desenhar.

Este exercício também pode ser executado como exercício de parceria. Neste caso, a pedrinha é passada, logo na execução do primeiro trecho musical, da mão direita para a esquerda. No segundo, trocar de pedrinha com o parceiro, entregando a sua com a mão esquerda e recebendo a dele com a mão direita. Durante o terceiro trecho, levar a pedrinha do parceiro para o centro de seu corpo, na altura do peito, e, durante o quarto trecho, trocar novamente as pedrinhas, como foi feito anteriormente. No final da sequência, levar sua pedrinha com ambas as mãos para o centro do corpo e permanecer em repouso. A troca de pedrinhas ou pequenos objetos é uma experiência muito forte.

Este exercício proporciona uma ocasião para, em contato direto com o parceiro, acolher alguma coisa própria dele. Neste momento, não há necessidade de palavras. Quando, mais tarde, é feita a troca de informações so-

Desenho de aluno

bre o que foi vivenciado, muitas vezes confirma-se o que foi vivenciado na experiência não verbal. Em seguida, desenhar a dois.

Conteúdos simbólicos das sequências de movimento

O conteúdo simbólico dessas sequências precisa ser compreendido em seus muitos efeitos e sentidos diversos. Para alguns, o desenvolvimento dos movimentos é simplesmente o continente dentro do qual podem depositar seus processos psíquicos. Vivenciam histórias inteiras com cenas definidas, em determinados momentos da configuração espacial do movimento. Nessas ocasiões, frequentemente sucede um confronto intenso com o passado. Para outros, esses exercícios representam um ritual que possibilita o acesso a dimensões mais profundas de seu ser. Esse ritual se torna um dos possíveis acessos à Imaginação Ativa. Outros participantes ainda se atêm à estrutura das sequências, por exemplo, à forma de cruz, ou ao princípio do abrir e fechar, percebendo uma coerência de sentido que se enraíza em sua história de vida.

No exercício em que as mãos são delicadamente retiradas do rosto, alguns têm a forte impressão de estarem com um rosto novo, como se tivessem erguido um véu, descobrindo alguma coisa até então oculta. No nível simbólico, o rosto muitas vezes é identificado com a visão interior. Por outro lado, é a parte mais consciente e diferenciada no corpo humano.

O desenvolvimento desse exercício pode ser ampliado em muitas direções. Uma dessas possibilidades seria partir do Mito de Narciso e seu significado para a evolução individual humana. As três fases da sequência podem ser relacionadas aos três momentos decisivos do mito: o eu em confronto com o eco (o trajeto das mãos para o rosto), o encontro consigo mesmo no confronto total (as mãos pousam sobre o rosto e lá permanecem por um tempo), e a ressurreição como flor de narciso (o suave desprendimento das mãos do rosto).

Às vezes acontece que o princípio dos movimentos é o que mais determina a experiência individual. No exercício com as oito frases musicais, que representa a evolução do princípio do dobramento e desdobramento, as pessoas vivenciam, principalmente, a focalização no meio do corpo, trazendo à tona o que seria a constelação do seu respectivo centro pessoal. O exercício com a pedrinha refere-se à temática dos opostos, sendo que, para muitos, o recolhimento no centro do corpo, na última posição, promove a integração.

O relaxamento das articulações e a soltura dos membros, o gesto de abrir as mãos ou soltar o pescoço, representam uma experiência muito forte, como se antigas crostas interiores se soltassem, permitindo que áreas do corpo, que antes estavam bloqueadas, voltem ao bem-estar natural do corpo e da psique. Os exercícios de confiança e a ciranda proporcionam um sentimento profundo de união no grupo. A maioria das pessoas se sente integrada numa vivência coletiva. No final, os passos em círculo acontecem naturalmente. O campo energético coletivo sustenta os movimentos, sem qualquer esforço. Nessa situação surge uma forte relação com o centro do círculo.

Tal como os exercícios estruturais, também os exercícios meditativos representam uma seleção de um número maior de exercícios similares. O material de trabalho que compõe as sessões permanece em aberto; sempre surgem novos aspectos e formam-se novas sequências. Entretanto, o método de trabalho já se delineou, mantendo um determinado perfil. O processo interior sempre pode continuar a se desenvolver, tanto no autor quanto nas outras pessoas com as quais realiza os exercícios.

Quando a contribuição dos exercícios corporais na imaginação é focalizada, a dimensão do finito fica bem evidente, pois durante a imaginação livre, sem a concentração prévia no corpo, é possível movimentar-se no espaço infinito que é oferecido pelo fluxo da imaginação. A partir do exercício corporal as imagens focalizam vivências definidas e, mais tarde, durante o desenho, a experiência é ainda mais delimitada e objetivada. Obtém-se um recorte concreto da experiência da imaginação com o qual se confrontar. Quando se penetra na imaginação, depois da experiência com o corpo, o avanço nesse sentido é maior, pois posso recorrer à experiência concreta desde o princípio. Sou limitada pela minha constituição física, minha idade, minha disposição interior; não posso executar todos os movimentos que desejo. Não posso, simplesmente, sair voando pelos ares, como a minha imaginação pode. O elemento finito, palpável, tal como a oposição, pertencem ao movimento corporal. Para que eu possa ser suave e flexível e possa me abrir, preciso também ter limites, ser fechado e duro. Esta é uma qualidade paradoxal, que delineia a vivência interior baseada no trabalho corporal de forma diferente do que ao nível da imaginação pura. No entanto, é preciso acrescentar que existe a possibilidade de uma pessoa, frequentemente um dançarino, conseguir sobrepujar esse limite da realidade concreta do corpo. Por um breve momento, ele pode penetrar uma dimensão de vida ilimitada: as oposições são eliminadas, a força de gravidade não existe mais, os movimentos fluem. Este costuma ser um estado muito parecido com o êxtase, apesar de ser vivenciado conscientemente. Grandes dançarinos, como, por exemplo, Kreuzberg, descreveram essas experiências.

> O processo criativo, muito variado e misterioso, nem sempre ocorre do mesmo modo. Imagine um tema a ser dançado... que não te dê sossego e que te ocupa, sem que consigas obter uma concepção clara

> da coreografia. Por meio da improvisação, tentas te aproximar da formulação definitiva; tu meditas, desenhas coreografias, convocas todo teu saber que acumulaste, para te ajudar. Mas nenhuma solução te satisfaz. O fruto do pensamento, da invenção e do trabalho, não oferece a natural evidência e o brilho da obra de arte perfeita. Quando te encontras na maior aflição psíquica e na mais profunda insatisfação, de repente, Deus ilumina o recinto e sua presença, quase perceptível, te traz a solução. Uma outra, talvez, do que a procurada, mas melhor, a melhor de todas, a única possível. A dança está pronta, seus caminhos, os passos, a movimentação, sua expressão e suas formas, seu ritmo interior e exterior, é só preciso se deixar conduzir e se entregar... Este momento de inspiração, chama-o Deus ou intuição, significa a grande felicidade do dançarino. É tão sublime, que não dá para aguentá-lo mais do que por um segundo (TERPIS, M., apud HOFFMAN, 1984).

Tais estados de unidade parecem ocorrer também em comunidades primitivas, durante suas danças rituais. A união da dimensão interior e exterior permite a espontaneidade total e o domínio completo da forma, assim como na pintura Zen surge o momento em que cada traço é exato. O impulso criativo, vivenciado como fogo vindo do centro, realiza essa integração. Esta é uma das possibilidades de obter uma experiência interior através do movimento. Na nossa cultura, ela é privilégio de poucos. A outra possibilidade é a construção lenta e consciente de uma concentração que detecta cada alteração, por mínima que seja, nos movimentos exteriores e que aprende a relacioná-la com a sensibilidade interior, tornando reais os impulsos provindos das dimensões do inconsciente.

Improvisação livre

A improvisação livre é um misto de catarse e moldagem, mas, principalmente, um meio de lidar com as emoções e outras áreas irracionais. O indivíduo é tratado como um todo e não como um ser preponderantemente racional. Na improvisação, podemos movimentar-nos livremente, sem ponderar coisa alguma, dando clara expressão aos impulsos vitais que, continuamente e de forma dinâmica, emergem do âmago de nosso ser. Entretanto, essa liberdade nem sempre nos é dada desde o princípio. Ficou claro para mim que eu teria que achar alguns exercícios que se prestassem à preparação para a improvisação livre. No meu entender, o primeiro passo é escutar a peça musical que será base da improvisação e reagir espontaneamente. É preciso aprender a ouvir, não só com os ouvidos, mas com o corpo inteiro, e com a maior concentração da qual somos capazes. Peter Hamel, no seu livro *Durch die Musik zum Selbst*, escreve o seguinte a respeito de ouvir música:

> A música nos acompanha por toda parte; ao dirigir, nas compras, ao comer, festejar, conversar, levantar, dormir, ao desjejum, ao amar, e assim por diante. Ouvimos música? Quase nunca! Mas ela está tocando... sempre toca música, e não nos apercebemos mais dela (HAMEL, 1980: 15).

Quando passamos a trabalhar com música, querendo que ela seja a energia que nos sustenta nos nossos exercícios, somos praticamente forçados a começar da estaca zero. Quanto maior a calma e a concentração com a qual ouvimos, tanto melhor "compreenderemos" a música, e tanto maior será seu efeito sobre nós, permitindo a expressão no movimento. Deitados ou sentados, ouvimos, portanto, uma peça musical por duas ou três vezes. É importante permanecermos totalmente despertos, atentos e sensibilizados, sem cochilar. Nesse processo, estaremos nos abrindo às energias que determinam o "corpo" e a força de expressão da música; permanecemos completamente quietos, tanto física quanto espiritualmente. Ouvimos a música e, simultaneamente, escutamos a nossa sintonização básica.

O segundo passo – que deve ocorrer imediatamente depois da audição, para que não percamos a concentração – será uma improvisação de movimentos cuidadosa, mas livre, acompanhando a música. Permanecemos sentados ou de pé no lugar e vivenciamos, prestando muita atenção, a relação da música com sua expressão através dos movimentos do nosso corpo. Para tanto, escolhemos um único movimento contínuo, que executamos durante toda a peça musical. No caso, ajuda orientarmo-nos pelas oito figuras de movimento baseadas no modelo espacial da cruz tridimensional: um movimento para cima, para baixo, para a esquerda, para a direita, para trás, para frente, fechando, abrindo. Repetimos a improvisação algumas vezes.

No terceiro passo, nós nos movimentamos cada vez mais livremente, e aproveitamos todo o espaço disponível. Esses três passos são de grande auxílio para aproximação ao movimento livre, quando se trata de encontrar um ponto de partida interior para a improvisação. Entendo esse tipo de procedimento como uma entrada, assim como podemos escolher determinadas situações iniciais para a imaginação ativa quando o caminho para as imagens está de algum modo bloqueado. Os três passos para a improvisação livre aspiram, primordialmente, a uma concentração e flexibilidade interior, para que possamos ir ao encontro da música numa relação substancial. Nos dois passos seguintes, eu diria que são chamadas em nós qualidades como a imaginação, o prazer da comunicação e a força de expressão. Nesse sentido, passamos por um processo de união dos níveis físico, vital e mental e de uma ligação mais profunda da consciência com dimensões da experiência inconscientes do nosso ser. Desta forma, são promovidas as realidades, tanto em nível espiritual quanto em nível emocional e intuitivo, porque damos forma a nossos pensamentos, sentimentos e impulsos vitais, e podemos, assim, nos confrontar com eles.

Todo artista verdadeiro tem uma meta especial, tenha ele consciência disso ou não: ele quer alcançar uma intensificação de sua experiência, quer emprestar força e expressão aos conteúdos de sua realidade interior, e achar o caminho para uma nova consciência. Essas mesmas metas também têm validade para uma pessoa à procura de autorrealização.

A relação com o centro do corpo

Seguem algumas palavras sobre a experiência do centro do corpo, assim como ele foi descrito em meus exercícios e como é vivenciado pelas pessoas. Trata-se de considerações e observações empíricas. Ao coletar, em vários grupos, associações espontâneas à palavra centro, obtive um número muito grande de associações coincidentes, como, por exemplo: calma, segurança, força, dentro, círculo, calor, equilíbrio, coração, carne, ventre, cerne, o ponto zero, plenitude, vazio, aqui, paz, concentração, Self, introversão, sol, unidade, encontro, amor, união, reunião, essência, roda, semente, encruzilhada, vida e morte. Temos que aceitar que essas associações de palavras correspondem a uma dimensão de experiência ao mesmo tempo física e interior. Lá, onde sentimos nosso centro, onde vivenciamos a maior densidade da nossa presença, exatamente lá está para nós o centro da energia. Sentimo-nos melhor quando este lugar corresponde ao centro físico corporal. No entanto, pode haver deslocamentos, por exemplo, para a área dos ombros, da nuca, da cabeça, ou da bacia. Quando nos damos conta desse deslocamento é importante fazê-lo numa atitude aberta de observação, sem julgamento. Igualmente me parece importante manter essa observação em movimento, sem fixação, deixando a respiração fluir livremente. Em outras palavras, deixar o processo acontecer. A respiração, compreendida como fluxo energético, coloca, aos poucos, o corpo em sua postura pessoal.

Quando o centro se desloca para uma das áreas mencionadas, isso frequentemente corresponde a sentimentos e sensações. Estes fornecerão um retorno valioso sobre a qualidade de energia – no sentido da vivência subjetiva da força – que está atualmente constelada em cada um de nós. Quando a consciência se intensifica na bacia, isto muitas vezes vem associado a um sentimento de potência. A tradição zen-budista se refere a esse lugar como Hara, o centro terreno do ser humano, por assim dizer, o centro de densificação da energia. Quando a consciência está concentrada aí, instala-se uma sensação de tranquilidade, a percepção de estar em relação com a terra, uma confiança e calma, e talvez, também, uma sensação de peso, ou então de envolvimento com a dimensão dos impulsos e instintos, dependendo do histórico pessoal.

A experiência do centro deslocada para a área dos ombros e do peito se relaciona, frequentemente, com a expressão da vontade: "isto eu consigo". Tal exigência pode armazenar grandes tensões numa pessoa.

O centro do coração, que a Yoga tradicional denomina Anahata, corresponde, em nossa cultura ocidental, ao centro do amor cristão entre os homens, e da dedicação a Deus. O deslocamento do centro para esse lugar desperta a emocionalidade refinada da pessoa, porém pode trazer, também, um estado de distanciamento da realidade.

A cabeça e a nuca, por sua vez, são relacionadas com a consciência mental. Quando a energia se concentra ali, pode ser evocada uma sensação de onipotência, ou então uma certeza e clareza nas afirmações, que espanta a própria pessoa que as profere. Contudo, também pode instalar-se a sensação de separação da vida por excesso de atividade mental.

A consciência humana em sua expressão corporal manifesta-se entre ambos os polos – baixo e cima –, ou seja, entre a área da bacia e a área da cabeça, partindo da unidade inicial, com o apoio no solo, e diferenciando-se nas diversas dimensões conscientes que estão à disposição do ser humano no exercício da auto-observação e da realização do movimento.

Certamente é importante que, aos poucos, possa ocorrer a centralização no corpo; no entanto, não deve ser instituído um "certo" ou "errado", nem um "dever ser" ou "precisar ser" de um certo modo. Somente o desenvolvimento gradativo, em conexão com a integração dos conteúdos do inconsciente, por um lado, e as realidades da vida, por outro, pode trazer o objetivo mais perto. Existe uma relação semelhante à que experimentamos no eixo Ego-Self. Quanto mais percebemos a autonomia dessa grandeza e entramos em contato com ela, tanto mais atuante ela se torna em nossa vida. Não devemos querer "produzir" nem acelerar nada. Assim como uma excessiva interpretação dos sonhos pode transformar-se em esclarecimentos sem efeito no trabalho analítico, forçar um objetivo nos exercícios corporais pode ter nenhuma ou péssimas consequências.

Se levarmos a sério a totalidade da nossa pessoa, o confronto com as duas dimensões da nossa experiência, a psíquica e a corporal, irá acontecer inevitavelmente.

> Quando eu tiver consciência de minha postura e de minhas sensações corporais, orientando-as de acordo com a experiência existencial do centro do corpo, estarei trabalhando na minha disposição básica (JANS, 1986).

Por disposição básica podemos entender o que está disposto originalmente em cada um de nós e que pode ser atualizado durante o processo de individuação. É nesse sentido que podemos afirmar que a vivência corporal cuidadosa e conscientemente vivenciada corresponde, até um certo ponto, ao trabalho analítico verbal.

Bibliografia

ANTUNES, C.A.A. (1986). *O corpo lúcido*: sua utilização na psicoterapia infantil de orientação junguiana. São Paulo: PUC-SP.

AUROBINDO, S. (1962). *The human cycle*. Pondicherry: Sri Aurobindo International Centre of Education Collection.

BUCK, J. (s.d.). *O HTP* (House – Tree – Person). São Paulo: Vetor.

DAVES, F. (1979). *A comunicação não verbal*. São Paulo: Summus.

EDINGER, E.F. (1989). *Ego e arquétipo*. São Paulo: Cultrix.

FRANZ, M.L. (1977). O processo de individuação. In: *O homem e seus símbolos*. Rio de Janeiro: Nova Fronteira.

GELEWSKI, R. (1973). *Estruturas sonoras 1*. Salvador: Nós.

_____ (1972). *Ver, ouvir, movimentar-se*. Salvador: Nós.

HAMEL, P.M. (1980). *Durch die Musik zum Selbst*. Kassel: DTV/ Brenreiter-Verlag.

HOFFMAN, K. (1984). *Tanz, Trance, Transformation*. Munique: Dianus-Trikont.

HUMBERT, E.G. (1985). *Jung*. São Paulo: Summus.

JACOBI, J. (1982). *Die Psychologie von C.G. Jung*. Frankfurt am Main: Fischer Taschenbuchverlag.

_____ (1981). *Von Bilderreich der Seele*. Olten/Friburgo: Walter Verlag.

JAFFÉ, A. (1983). *Der Mythus von Sinn im Werke von C.G. Jung*. Zurique: Daimon.

JANS, F.X. (1986). *Aspekte des Raumerlebens und der Raumsymbolik* [Apostila de seminário no Instituto C.G. Jung. Zurique – Texto não publicado].

JUCHLI, J. (1985). *Heilen durch Wiederentdecken der Ganzheit*. Stuttgart: Kreuz.

JUNG, C.G. (1994). *Psicologia e alquimia*. Petrópolis: Vozes [Obras completas, vol. XII].

_____ (1988). *Aion*. Petrópolis: Vozes [Obras completas, vol. IX-2].

_____ (1985a). *Memórias, sonhos e reflexões*: confronto com o inconsciente. Rio de Janeiro: Nova Fronteira.

_____ (1985b). *O eu e o inconsciente*. Petrópolis: Vozes.

_____ (1984). *A natureza da psique*. Petrópolis: Vozes.

_____ (1983). *A energia psíquica*. Petrópolis: Vozes.

JUNG, C.G. & WILHELM, R. (1996). *O segredo da flor de ouro*. Petrópolis: Vozes.

JUNG, C.G. et al. (1977). *O homem e seus símbolos*. Rio de Janeiro: Nova Fronteira.

KASSEL, M. (1986). *Das Auge im Bauch* – Erfahrungen mit tiefenpsychischer Spiritualität. Olten: Walter Verlag.

KAST, V. (1998). *A dinâmica dos símbolos*. São Paulo: Loyola.

KOCH, K. (1967). *Der Baum Test.* Bern: Stuttgart.

KREUZBERG, H. (1938). *Über mich selbst.* Detmold: E. Hammann Verlag.

LABAN, R. (1990). *Dança educativa moderna.* São Paulo: Ícone.

_____ (1978). *Domínio do movimento.* São Paulo: Summus.

_____ (1966). *Choreutics.* Londres: MacDonald/Evans.

LABAN, R. & LAWRENCE, F.C. (1942). *Effort.* Londres: MacDonald/Evans.

MACHOVER, K. (1949). *Proyeccion de la personalidad en el dibujo de la figura humana.* Havana: Cultural.

MINDELL, A. (1989). *O corpo onírico* – O papel do corpo no revelar do si-mesmo. São Paulo: Summus.

MIRANDA, R. (1980). *O movimento expressivo.* Rio de Janeiro: Funarte.

MUSICANT, S. (1994). *Authentic movement and dance therapy,* vol. 16, n. 2.

NEUMANN, E. (1991). *A criança.* São Paulo: Cultrix.

PENNA, L. (1989). *Corpo sofrido e mal-amado* – As experiências da mulher com o próprio corpo. São Paulo: Summus.

PEREIRA, P. (2002). *Reconnecting Body and Soul.* Zurique [Tese de diploma do Instituto C.G. Jung, como requisito para a obtenção do título de analista junguiano].

_____ (1985). *Zur Psychologie des Tanzes.* Zurique [Tese de diploma de Psicologia na Universidade de Zurique].

PETHO, S. et al. (1974). *Técnicas de relaxamento.* São Paulo: Vetor.

PRINZHORN, H. (1972). *Artistry of the Mentally Ill*. Nova York: Springer Verlag.

SCHOOP, T. (1981). *Komm und tanz mit mir*! Zurique: Musikhaus PAN.

SCHWARTZ-SALANT, N. (1988). *Narcisismo e transformação de caráter*. São Paulo: Cultrix.

SILVEIRA, N. (1981). *Imagens do inconsciente*. Rio de Janeiro: Alhambra.

TULKU, T. (1989). *Gestos de equilíbrio*. São Paulo: Pensamento.

_____ (1988). *O caminho da habilidade*. São Paulo: Cultrix.

WATKINS, M. (1984). *Waking dreams*. Dallas: Spring.

WEAVER, R. (1996). *A velha sábia* – Estudo sobre imaginação ativa. São Paulo: Paulus.

WICKES (1950). *Inner world of man*. Londres: Methuen.

WOODMAN, M. (1980). *The owl was a baker's daughter*. Toronto: Inner City Books.

ZIMMERMANN, E. (1992). *Integração de processos interiores no desenvolvimento da personalidade*. Campinas: Unicamp [Dissertação de mestrado em Saúde Mental].

6 Reflexões sobre movimento e imagem

*Paulo José Baeta Pereira**

*Não há corpo sem alma,
nenhum corpo que não seja ele mesmo
uma forma de alma.*
Sri Aurobindo

Com o desenrolar de minha experiência como bailarino, coreógrafo e professor de dança, e como psicólogo clínico e analista junguiano, tendo trabalhado nas duas áreas tanto com crianças e adolescentes como com adultos, observei o quanto a linguagem do corpo brota de imagens internas (não apenas visuais, mas também, e sobretudo, sensoriais) e se nutre delas, e o quanto a percepção e expressão dessas imagens são importantes e mesmo indispensáveis para o nosso equilíbrio psicológico e para nosso desenvolvimento como indivíduos. Assim, meu objetivo aqui será explorar as características destas duas áreas de expressão e pesquisa - a linguagem imagética e o movimento -, seus pontos em comum e sua capacidade de mútua fecundação.

---

* Psicólogo pela Universidade de Zurique; doutorando em Artes pela Unicamp - Campinas/SP; analista junguiano pelo C.G. Jung/Zurique; docente do Instituto de Psicologia Analítica de Campinas; associado à AJB (Associação Junguiana do Brasil), à Agap (Association of Graduates in Analytical Psychology - Zurique) e à Iaap (International Association of Analytical Psychology); presidente da Associação Auroville International Brazil.

Partindo de minha experiência de vida e profissional, abordarei o trabalho de dança contemporânea, focalizando na sua dimensão de criatividade e expressão espontânea através da improvisação. Minha base teórica principal são os dois métodos de improvisação na dança apresentados por Rolf Gelewski em seu livro *Ver, ouvir, movimentar-se* (GELEWSKI, 1973), e os conceitos básicos de movimento segundo Rudolf von Laban, que deram origem à estruturação do movimento na dança moderna europeia. Exporei também minhas experiências com as artes visuais, sobretudo em conexão com o trabalho de dança que tenho desenvolvido. Descreverei para tal o processo que acompanhou a preparação e realização do espetáculo que apresentei em novembro de 2000 no Museu de Arte de Zurique sobre pinturas de Jawlenski, Paul Klee e Hodler.

Movimentar-se a partir de imagens visuais e internas, desenhar a partir de improvisações de movimento e usar o desenho livre como registro do processo de percepção auditiva e como agente estimulador da improvisação na dança têm sido minhas principais técnicas, tanto pedagógicas como de pesquisa.

O quadro de Blake

Antes mesmo de eu definir o tema da dissertação de onde se originou a presente publicação, uma amiga presenteou-me com uma cópia da gravura reproduzida na página anterior, como inspiração para o trabalho. Mal sabia ela naquele momento – e nem eu – que se tornaria um fio condutor do processo criador. Trata-se da reprodução de uma gravura de William Blake, intitulada por ele: *The re-union of the Soul and the Body* (A re-união da alma e do corpo). Este título, que vemos escrito abaixo do quadro na caligrafia do próprio Blake, me fez relembrar um sonho de infância. Eu tinha sete anos.

Corpo e individuação

A re-união da alma e do corpo

Estava dormindo em minha cama, estas camas de criança com grades laterais. O céu estava azul, de um azul-claro intenso. Havia nuvens brancas, densas e muito bem definidas. Uma dessas nuvens desceu até minha cama e me carregou para o céu azul. Era o fim do mundo. Tudo era muito bonito, e a nuvem estava muito confortável. Mas eu tive medo. No processo de acordar eu pedi à nuvem para descer e buscar minha família também.

Será que este sonho marca o começo de uma peregrinação nesta terra, a busca infatigável da reunião de alma e corpo? Foi com sete anos que entrei para a escola. Não tinha frequentado o jardim-de-infância, pois não era comum naquela pequena cidade onde eu vivia. Minha infância, até este ponto, passou-se em casa e brincando nas ruas e na natureza. A primeira separação deste ambiente seguro, definitivamente marcado pela presença de minha mãe (porque meu pai trabalhava o dia todo fora de casa), cumpriu muito provavelmente uma função na escolha feita pelo inconsciente destas imagens do sonho. Agora, quase cinco décadas depois, num momento de mudança na minha vida, este quadro aparece.

1. William Blake

É-me impossível relembrar quando foi a primeira vez que vi um trabalho de Blake. O que sei é que a intensidade de movimento e a dramaticidade dos gestos me impressionaram profundamente. Mais tarde, um amigo me presenteou com um pequeno livro, impresso em 1927, com as ilustrações de Blake para o Livro de Jó, intitulado *Illustrations of The Book of Job* (BLAKE, 1927). A conexão com ele não parou aí. Alguns anos atrás, mais precisamente em janeiro de 2001, enquanto estudava em Zurique, como um acontecimento raro em minha vida, fui por um fim de semana a Londres exclusivamente para ver na Tate Gallery a maior retrospectiva organizada até então da obra de Blake. É tudo isto apenas coincidência?

2. Uma pendulação fecundante entre dança e psicologia

Para entender melhor o rio subterrâneo deste trabalho, achei relevante dar aqui algumas informações biográficas que definiram minha vida profissional. Minha vida, desde o embarque na fase adulta, foi marcada pela oscilação entre a dança e a psicologia.

Não me lembro exatamente onde e quando minha intriga com a dança começou. Mas tenho uma forte impressão que enquanto criança eu descobri a dança não em filmes ou no palco, mas dentro de meu próprio corpo, pois movimento foi sempre um poder intrínseco em minha vida. É bem provável que eu tenha dançado bem antes de começar a falar (HIGHWATER, 1992: 9).

Foi com estas palavras que Jamake Highwater começou o prefácio de seu livro *Dança: rituais de experiência*. Estas palavras poderiam ter sido minhas, pois elas exprimem exatamente minha própria experiência. Quando criança, sempre gostei de jogos corporais, tanto sozinho como em grupo. Eu passava horas a fio treinando certas habilidades com bola, corda, arco e flecha, que eu mesmo construía, ou outro objeto qualquer. Minha infância livre me possibilitou bastante tempo e espaço para isto. E fui sempre fascinado pela dramatização, pelo canto, por apresentações em público, música e ritmo. Mas foi apenas com dezessete anos de idade, paralelamente aos estudos escolares, que ingressei num grupo de teatro infantil como ator, e, em função disto, dei início ao aprendizado do balé clássico. Eu nunca tinha pensado antes em aprender dança formalmente.

Seguindo um fluxo normal, ingressei na universidade. Minha escolha caiu sobre a psicologia. Mas continuei minha atuação como ator e meus estudos de balé. Foi então que descobri a dança contemporânea e decidi interromper os estudos de psicologia para dedicar-me inteiramente a ela. Tive a impressão de ter-me encontrado. Senti-me inteiramente em meu elemento.

Mudei-me para Salvador para integrar o Grupo de Dança Contemporânea da UFBA, sob a direção de Rolf Gelewski. Como bailarino do grupo, tive a oportunidade de frequentar, como complementação curricular, aulas específicas do curso de formação de bailarinos e professores de dança do Departamento de Dança da referida universidade.

Dez anos mais tarde, como uma virada em minha vida, decidi retomar os estudos de psicologia, com a intenção clara de me aprofundar na psicologia analítica. Isto me levou a Zurique. Mas para ingressar como aluno da formação de analistas no C.G. Jung Institut-Zurich (Instituto C.G. Jung de Zurique) eu tive que concluir primeiro minha formação básica como psicólogo, inscrevendo-me para tal na Universidade de Zurique. Nesta época eu raramente dançava em público, mas continuava a ensinar dança. Foi então no próprio curso de Psicologia que a primeira tentativa de conectar a dança e a psicologia tomou forma. O título do meu trabalho de licenciatura (nome dado nesta universidade ao trabalho de conclusão do curso básico) foi "Zur Psychologie des Tanzes" (PEREIRA, 1985 / Sobre a psicologia da dança), sob a orientação do Professor-doutor Detlev von Uslar, responsável pelo Departamento de Psicologia Antropológica e grande estudioso da psicologia analítica.

Meus próximos passos me levaram para a Índia, para viver e trabalhar em um projeto internacional chamado Auroville. Lá o foco principal de minhas atividades moveu-se novamente para a dança. Ensinei dança para crianças e adultos, e participei na criação da Auroville Dance Company, onde, além de principal responsável pelo treinamento técnico, atuei também como bailarino e coreógrafo.

Com o passar dos anos amadureceu em mim a necessidade de completar os estudos junguianos deixados inacabados, com minha mudança para a Índia. Voltei a Zurique, mas o trabalho com a dança não pode mais parar. Este novo período de estudos acadêmicos levou-me também a dançar publicamente e ensinar dança na Suíça, Alemanha, Suécia, Estados Unidos e Brasil. O trabalho pedagógico em dança sofreu grandes mudanças em conexão com o meu próprio processo de vida, também sob a influência dos estudos de psicologia analítica. Retomei a reflexão sobre a interação e inter-relação destes meus dois campos de interesse no meu trabalho de conclusão de curso no Instituto C.G. Jung de Zurique, que intitulei "Reconnecting Body and Soul - Reflections on the Dynamics of Image and Movement" (PEREIRA, 2002 / Reconectando corpo e alma - Reflexões sobre a dinâmica de imagem e movimento).

E aqui estou agora em um momento ainda mais decisivo de minha vida, onde, depois de muitos anos fora, retorno à minha terra natal, às minhas raízes, para dar continuidade a esta mesma pesquisa, na busca deste ponto simbólico "onde a alma e o corpo se reúnem". A intenção deste trabalho é tocar mais de perto e mais fundo este "rio subterrâneo" do processo criador, refletir e buscar elucidações da dinâmica intrínseca à dança como expressão artística, e a função que cumpre neste processo a linguagem imagética do inconsciente.

3. A apresentação de dança na exposição de Jawlensky no Museu de Arte de Zurique

Um dos eventos que mais marcou minha vida profissional como bailarino foi a Apresentação de Dança Improvisada que dei no Museu de Arte de Zurique em novembro de 2000. Ela aconteceu em conexão com a exposição Jawlensky in der Schweiz 1914-1921, Begegnung mit Arp, Hodler, Janco, Klee, Lehmbruck, Richter, Taeuber-Arp (Jawlensky na Suíça 1914-1921, Encontro com Arp, Janco, Klee, Lehmbruck, Richter, Taeuber-Arp). Denominamos a apresentação "Tanzimprovisation zu Bildern von Jawlensky und Musik von Bach, Ysaye, Kurtag" (Improvisação de dança sobre quadros de Jawlensky e música de Bach, Ysaye, Kurtag). Mas o ponto de partida e a inspiração central para a dança foi o trabalho de Jawlensky. Eu dancei em uma das salas da exposição, rodeado pelo público e pelas pinturas.

4. Um cômodo com muitas portas

Quero tomar este evento como o ponto inicial, a partir do qual desenvolverei minhas reflexões sobre a improvisação na dança, particularmente em sua conexão com o processo imagético e o material visual. Minha intenção é introduzir através destas reflexões, em uma maneira aberta e criativa, uma visão analítica do processo de improvisação na dança e, como consequência disto, elaborar algumas aplicações práticas para o trabalho com a dança e do uso corporal nas artes cênicas, tanto no processo da criação artística como na sua dimensão pedagógica. Além disso, pretendo também elaborar no nível conceitual as contribuições mútuas e as relações intrínsecas à dança criativa e à psicologia analítica.

Desde que meu trabalho se definiu claramente nestes dois campos de ação, independentemente um do outro, a seguinte questão me foi colocada com frequência: "Qual é a relação que existe para você entre a psicologia e a dança?"; ou mais precisamente: "Você pretende se tornar um 'terapeuta da dança'?" A esta última questão respondi sempre categoricamente: "não", para evitar ser engavetado em uma categoria, que a meu ver, a partir de minha experiência rica em ambos os domínios, teria sido antes de tudo restringente. A dança contém sim um enorme potencial terapêutico. Sempre vi isto em meu trabalho, tanto comigo mesmo como com meus alunos, crianças, adolescentes ou adultos. Ao mesmo tempo, observei no trabalho analítico clínico como o trabalho corporal ampliou enormemente a minha percepção do ser humano. A linguagem corporal, natural e espontânea, uma vez tendo sido desenvolvida e aprimorada, torna-se um veículo extremamente sutil, sobretudo no lidar com processos inconscientes. Pois o corpo, como veremos mais adiante, presta-se com precisão à expressão daquilo que ainda não conhecemos, ou que se esconde exatamente debaixo da soleira da porta. Minha intenção com esta pesquisa é explorar a riqueza do trabalho criativo com o corpo, com o movimento, com a dança, aproveitando da contribuição da psicologia analítica na sua percepção da imagem como linguagem espontânea do inconsciente. Pois toda criação, para citar Klee (RIEDEL, 1988: 12), é um "tornar visível", um revelar.

Tendo isto em consideração, vejo duas portas principais a serem abertas no decorrer deste trabalho. Uma é a "Improvisação na dança", desdobrando seus aspectos característicos. A outra é o "Mundo das imagens", que nos conduzirá a outros domínios de reflexão. Para a exploração dos espaços a que estas portas conduzem, estarei lançando mão das diversas experiências que tive nestes dois campos:

• dançar sobre pinturas, tanto nas minhas apresentações públicas como no trabalho pedagógico;

• desenhar como um motivo ou mesmo como estímulo para a resposta motora na aula de improvisação em dança;

• trabalho com imagens internas para o desenvolvimento da consciência corporal e como inspiração no trabalho criativo em dança;

• trabalho com a técnica terapêutica do "Jogo de Caixa de Areia", desenvolvido por Dora Kalff (KALFF, 1966), com pinturas e desenhos na situação analítico-terapêutica;

• estágios em psiquiatria, em instituições que enfatizam o aspecto terapêutico das artes plásticas em pacientes esquizofrênicos;

• grupo de estudos e vivência de "Imaginação Ativa" durante o período de formação como Analista Junguiano; uma experiência e exploração da expressão dinâmica do inconsciente em imagens.

5. Os quadros e a apresentação de dança

Havia apenas uma entrada, uma abertura ampla, na sala onde dancei. Comecei a apresentação me posicionando silenciosamente em frente a uma série de seis estudos faciais de Jawlensky, que se encontravam expostos próximo à entrada da sala. Deixei-me impressionar, cada vez de novo, evitando pensamentos pré-formados, pelo conjunto ou por algum deles, ou mesmo por um detalhe (fosse ele formal ou uma impressão subjetiva momentânea) em um deles. Uma vez internalizada esta impressão, me posicionava dentro da moldura definida pela entrada da sala e esperava pela primeira nota da Sarabanda da Partita n. 2 para violino solo, de J.S. Bach[1] para começar a mover-me.

A primeira pintura com a qual eu estabelecia contato era o quadro de Jawlensky, *Der Weg* (O caminho), ao qual ele atribuiu o subtítulo "A mãe de todas as variações". Era o primeiro, à esquerda da entrada. "Entrando" nele, eu "tomava o caminho" e me movimentava em direção ao canto oposto da sala, onde me deparava com a série "Variações", feitas a partir deste quadro inicial, que representava "a vista a partir de sua janela". Terminada a Sarabanda, eu escolhia uma forma específica em um deles como motivo para a posição inicial da próxima improvisação. Ela se desenvolvia sobre uma peça de Eugene Ysaye, a "Sonata n. 2" para violino solo. Seu primeiro movimento "Obsessão: Prelúdio" me levava a mover-me livre e dinamicamente através do espaço inteiro, estabelecendo contato com o conjunto das obras ali expostas e em especial com aquelas onde meus olhos se detinham espontaneamente. E assim eu prosseguia de um quadro a outro através dos quatro

---

[1]. As peças musicais foram executadas ao vivo pela violinista suíça Claudia Dora.

movimentos da sonata. Nesta sala havia, além das obras de Jawlensky, alguns quadros de Ferdinand Hodler e de Paul Klee.

O ponto alto da apresentação foi a improvisação sobre a Chaconne de Bach (também da Partita n. 2). A riqueza e intensidade desta peça musical, juntamente com todas as impressões já coletadas dos quadros até aquele momento, se transformaram aí em um fluxo de movimentação ricamente expressivo, ao mesmo tempo intenso, sutil e detalhado. Foi o momento em que a dimensão interna das obras ali expostas pôde ser experienciada e expressa como um sopro através e além da forma. Esta é a imagem que me ficou daqueles momentos.

6. A escolha musical

Inspirados na Chaconne de Bach decidimos por peças para violino solo. A música foi tocada ao vivo. A violinista estava de pé dentro da sala em que dancei, o que acrescentou um terceiro elemento de interação. Na escolha das peças não houve nenhuma intenção de "ilustrar" as pinturas ou de criar uma conexão lógica entre elas e o material musical. Procuramos antes por compositores em cuja obra podíamos encontrar uma conexão interna com a obra de Jawlensky. Um outro critério que se desenvolveu durante nossa procura foi o de estabelecer uma relação entre o período anterior a Jawlensky com a época em que ele viveu e hoje. Atrás deste critério está o reconhecimento de que o trabalho de Jawlensky alcança muito além da dimensão apenas pessoal e histórico-temporal, alcançando uma dimensão coletiva e um nível arquetípico de inspiração e expressão. Nossa escolha caiu sobre Bach, Ysaye e Kurtag.

7. Reflexões sobre a dança

> *Aquilo se move e aquilo não se move;*
> *Aquilo está longe e ao mesmo tempo perto;*
> *Aquilo está dentro de tudo isto e*
> *Aquilo está também fora de tudo isto.*
> Isha Upanishad

O que dizer de um grande bailarino, que transforma o corpo em espírito, que faz um gesto comum virar um ritual poderoso? A dança transforma biologia em uma metáfora do corpo espiritual da mesma maneira que a poesia transforma palavras comuns em formas que permitem significados que as palavras normalmente não podem exprimir (HIGHWATER, 1992: 218).

Certa vez em uma palestra sobre religiões comparadas no Instituto Jung de Zurique, o Professor Henking (então diretor do Museu de Etnologia da Universidade de Zurique) falava sobre a experiência do *numinosum*. *Numinosum* é um termo usado por Jung para definir a experiência do sagrado. Ele se lembrou então de um espetáculo de dança de Harald Kreutzberg em uma praça pública da cidade de Berna, na Suíça. Este espetáculo acontecera na década de 1960. Curiosamente havia entre os ouvintes da palestra uma mulher que também estivera presente naquele espetáculo, que por sinal fora um dos últimos de Kreutzberg. Professor Henking disse que a praça estava amontoada de gente. Na última peça Kreutzberg dançou a "Morte". Ao fim da dança um silêncio mortal tomou conta da audiência. Por alguns minutos, ele disse, ninguém se moveu. E ele concluiu sua narrativa dizendo que Kreutzberg muito provavelmente não havia previsto tal reação, que acontecera espontaneamente a partir da "afinação" em vários níveis, tanto nele como na audiência, como entre os dois.

Uma das pioneiras da dança moderna no Ocidente no início do século passado foi a americana Ruth St. Denis. Em sintonia com as revoluções na arte em seu tempo, sua abordagem na dança baseava-se na expressão na vida e na sociedade de dimensões interiores. Ela escreveu: "Nossa dança é uma escultura viva de nós mesmos" (St. DENIS, 1997: 20). E também: "Dançar é relacionar-se com a totalidade do universo" (St. DENIS, 1997: 27). A relação intrínseca entre dança e vida, entre o homem e o cosmos, é uma espécie de denominador comum entre todos os grandes bailarinos e coreógrafos. Merce Cunningham, bailarino, coreógrafo dos mais renomados do século passado, deixou claras contribuições no desenvolvimento da dança contemporânea que ele formulou de uma maneira muito concreta e viva:

> Para mim, parece evidente que dançar é um exercício espiritual em forma física, e que o que é visto é o que é. E eu não acredito que seja possível ser "simples demais". O que o bailarino faz é a coisa mais realista de todas as coisas possíveis, e achar que um homem de pé numa colina poderia estar fazendo qualquer outra coisa além de unicamente estar de pé, é criar uma separação – separação da vida, do sol nascendo e se pondo, da chuva que cai das nuvens e te obriga a entrar num buteco para um cafezinho, de cada coisa que sucede cada coisa. Dançar é uma ação visível da vida (CUNNINGHAM, 1997: 67).

Seria muito difícil chegar a uma definição concisa de dança, especialmente em um tempo como o nosso, onde diversidade é a palavra-chave. A dança preenche, hoje mais do que nunca, as mais diversas funções em nossas vidas. O sentido varia de acordo com os contextos culturais de onde brota e onde está inserida. Comentar consistentemente sobre o lugar e o papel da dança no mundo hoje seria um trabalho imenso, que vai muito além do nosso objetivo aqui. Eu quero unicamente chamar a atenção de vocês para a grande diversidade de suas formas, expressões e funções hoje em dia. Um aspecto, porém, permanece como uma questão aberta para mim. O que aconteceu com o valor sagrado da dança? Ou estamos buscando conscientemente um outro valor, um outro jeito, mais integral e mais convincente de experimentá-la? Lembro aqui o movimento forte que aconteceu em Monte Verita, no sul da Suíça, no início do século passado, que enfatizou a integração da dança com a natureza e o relacionamento natural com o corpo. E pensar que já faz um século que isto aconteceu. Foi aí que nasceu a dança moderna europeia com Rudolf von Laban, Mary Wigman, Susanne Perrottet, Kurt Jooss, Rosalia Chladek, Harald Kreutzberg, para mencionar os mais importantes. Para onde foi tudo isto? O que aconteceu com aquela concentração de energia e explosão criativa? A meu ver, como é comum em tais movimentos de revolução de consciência, houve uma diluição e diversificação deste potencial, espalhando-se e influenciando o mundo todo. E me parece que temos hoje um movimento global – em minha opinião de uma natureza ainda inconsciente e bastante coletiva – em direção a uma redescoberta do sagrado no profano. A redimensionalização do corpo na dança e no teatro de um tempo para cá, sua função e significado na vida moderna apontam nesta direção.

8. O corpo

Conta a estória (Aitareya Upanishad) que uma vez os deuses quiseram descer e habitar um corpo terreno. Várias formas animais (a vaca, o cavalo) lhes foram apresentadas uma após a outra, mas eles não estavam satisfeitos, nenhuma foi considerada adequada para sua habitação. Finalmente a figura humana (com sua personalidade consciente) lhes foi oferecida e eles imediatamente declararam que esta era de fato a forma perfeita que precisavam... E eles entraram nela (GUPTA, 1972: 8).

Na dança o corpo é o instrumento. Tudo acontece dentro e através dele. Ele expressa o experienciado; ele o forma. Através do corpo ele se torna visível, e através dele pode também ser refinado e feito transparente. Nolini Kanta Gupta, o autor do texto acima, acrescenta: "O corpo humano é a morada dos deuses... Mas o mais significante nisto é que não são apenas os deuses que moram nele: todos os seres, todas as criaturas se amontoam aí, até mesmo as profanas e não divinas" (GUPTA, 1972: 80). Ele nos dá aqui uma imagem da dimensão cósmica do corpo, da complexidade que está condensada nele. Uma vez um participante de um dos meus cursos intensivos de dança comentou sua experiência com o trabalho, que diz respeito a esta qualidade de densidade do corpo. Ele disse: "O que mais me impressionou no curso todo foi o próprio corpo, o fato de que ele é uma coisa que não dá para esconder. A gente se veste, por exemplo, mas não consegue escondê-lo. Não dá para nos escondermos nele e consequentemente também nos escondermos dos outros". Esta experiência de sentir-se exposto é uma etapa importante no processo de tornar-se consciente. Esta qualidade do corpo de dar expressão ao que somos significa uma porta aberta tanto para dentro quanto para fora. É exatamente esta experiência de estar exposto que nos conecta tanto com os aspectos divinos quanto com os não divinos, com os lados de luz e de sombra que coexistem em nós. Esta é uma experiência frequente e indispensável, sempre que nos aventuramos em um trabalho criativo com o corpo. Lama Anagarika Govinda diz isto em uma imagem bela e forte: "O corpo é por assim dizer o palco situado entre o céu e a terra, no qual se encena o drama anímico-cósmico.

Para o conhecedor, o iniciado, ele é o palco sagrado de uma peça religiosa inimaginavelmente profunda" (GOVINDA, 1966: 173).

Não precisamos buscar longe. Basta pensar, por exemplo, na expressão das emoções e dos sentimentos no dia a dia. Há sempre um grande espectro deles constantemente ativo em cada um de nós. Nós somos movidos continuamente por imagens interiores ou exteriores, pessoas, eventos, objetos, e assim por diante. Na maior parte do tempo não nos damos conta das nossas reações a estes estímulos, mas eles sempre acham um meio de expressão, e na maioria das vezes através de uma linguagem corporal expressiva ou sensorial. Um gesto ou uma mímica, a tensão ou o relaxamento do corpo ou de partes dele, um sorriso, um piscar de olhos, uma mudança na qualidade da respiração está entre reações comuns que encontramos. As reações mais extremas serão encontradas provavelmente nos sintomas psicossomáticos. Ao observar seu próprio processo, em conexão com o trabalho em suas "Memórias", Jung disse: "Escrever minhas memórias de infância tornou-se uma necessidade. Se eu deixo de fazê-lo por um dia só, aparecem imediatamente sintomas físicos desagradáveis. Assim que eu retomo o trabalho eles desaparecem, e minha cabeça fica lúcida" (JUNG, 1963: vi). Emoções e sentimentos são constantemente percebidos e registrados pelo corpo, e através dele integrados na totalidade de nosso ser e comunicados aos outros.

E este é apenas um aspecto. Qualquer outro domínio do nosso ser deixará constantemente suas impressões no corpo e encontrará suas expressões nele ou através dele. Parece-me, portanto, muito correto dizer, com Anagarika Govinda, que o corpo é o lugar onde o "drama anímico-cósmico" acontece.

Esta reflexão nos faz também levar em consideração o quão difícil é estabelecer uma separação clara entre corpo e alma. A psique humana é uma totalidade unificada que inclui o corpo. Podemos mesmo dizer que nós somos corpo e não apenas que vivemos nele ou com ele.

Em culturas arcaicas o corpo e o cosmos não eram vistos como independentes um do outro. Nelas tanto a influência do cosmos no homem quanto a influência do homem no cosmos era uma realidade inquestionável. Com o despertar e o estabelecimento da mente racional na evolução da consciência, este sentido de união foi mudado categoricamente, e, pode-se dizer, quase completamente rompido. O corpo tornou-se uma espécie de escravo da mente, e cada vez mais à medida que os hábitos do homem se distanciaram das leis e ciclos da natureza. Podemos dizer que, na consciência do homem moderno, ele não vive mais no corpo, mas com um corpo. Ao mesmo tempo em que conhecemos hoje muitíssimo sobre a estrutura e o funcionamento do corpo, achamo-nos cada vez mais distantes do seu funcionamento instintivo.

Um outro aspecto importante nas culturas da Antiguidade – encontrado em certas culturas até hoje – era o sentido de incrustação do individual no coletivo. Sua relação com o corpo era correspondentemente influenciada por isto. A complexidade da vida moderna parece ter-nos distanciado ainda mais do corpo como uma realidade evidente e indispensável, como uma parte característica e inseparável de nós mesmos. A crença cega na medicina alopática – uma substituição para o sacerdote ou shaman das culturas antigas – gera uma falta de consideração quase total das qualidades de autocura do corpo, atribuindo a ele quase que exclusivamente a imagem de um portador potencial de doenças. Charles H. Taylor, no prefácio do livro *The Body: an Encyclopedia of Archetypal Symbolism* (O corpo: uma enciclopédia de simbolismo arquetípico) nos apresenta uma formulação clara deste momento:

> Na cultura ocidental contemporânea, o corpo humano é o foco de uma atenção fascinante, até mes-

> mo de uma preocupação obsessiva. Esta fascinação se manifesta nas imagens visuais da arte do século XX, na propaganda, e na fotografia, estendendo-se desde idealizações sedutoras até a pornografia explícita. Aplicamos recursos enormes de tecnologia moderna, saúde pública e ciência médica para adiar ou reparar doenças físicas, idade avançada e degeneração. Um dos objetivos principais da mudança dos estilos de vida e das intervenções cirúrgicas é prolongar a experiência ou a ilusão de juventude. Ainda assim, nossa obsessão com o corpo é confrontada com o fato inescapável de que nesta vida nossa consciência reside numa forma física, que deve no fim retornar ao pó (ELDER, 1996: vii).

Mas isto é tudo? O corpo está simplesmente sujeito a esta realidade fatal, ou há ainda algo mais esperando para ser descoberto? Existe uma chance de transformação enquanto ainda vivemos nesta forma humana? Nós lemos e ouvimos sobre santos no Oriente e no Ocidente, que tiveram seus corpos diretamente afetados por seus processos interiores. A história nos conta do perfume de flores exalando das feridas de um santo. Outros, como Nicolaus von Flue na Suíça, viveram por muitos anos sem comer. Um santo no Sul da Índia fechou-se num quarto e se dissolveu em luz. O que aconteceu ali? O efeito somático que Jung sentiu enquanto confrontado com a urgência interior de anotar suas memórias é uma experiência muito mais próxima de nossa realidade corriqueira. Mas em minha opinião ela aponta na mesma direção. A busca em nós não pode ser parada. Mais do que nunca, a sombra da morte parece espreitar por entre as dobras do tempo. Evitamos o confronto; evitamos diariamente de nos pôr a questão que nos arranha por dentro, porque ela é simplesmente grande demais para a nossa consciência atual. Mas isto não quer dizer que ela não exista. A ciência moderna é um reflexo disto. Escrutinamos a célula e o átomo até suas partículas mínimas com todos os meios técnicos que temos à nossa disposição. O que é que estamos procurando? Uma fagulha do espírito na matéria, o ponto de união de corpo e alma? Ao mesmo tempo, buscamos tão longe quanto possível para dentro do universo aberto. O que acontecerá quando o mais próximo de nós, nas células de nosso corpo, e o mais longe, que se encontra bem além das estrelas, é percebido um dia como uma única e mesma coisa? Qual é o significado do corpo em todo este processo? Ele passará por mudanças e continuará existindo como tal?

> Se somos formados nesta matéria, é porque esta matéria tem sua plenitude própria e seu próprio cumprimento – onde encontramos a semente que termina em uma não árvore. Esta semente de matéria, simbolizada por este corpo, tem que ter seu sentido e sua chave (SATPREM, 1976: 6).

Sri Aurobindo, o grande pensador indiano do século passado, nos fala disso em uma linguagem poética:

> De muitas faces porém é a Alma cósmica;
> Um toque pode alterar a frente fixa do destino.
> Uma virada súbita pode vir, um caminho aparecer.
> Uma Mente maior pode ver uma Verdade maior.
> Ou talvez achemos quando todo o resto tiver falhado
> Escondido em nós mesmos a chave da mudança perfeita (AUROBINDO, 1972: 256).

No editorial do livro *O corpo*, mencionado acima, Annmari Ronnberg reintroduz este tema, acrescentando mais nuances a ele, relacionando o corpo com a natureza, salientando o significado mais profundo da consciência ecológica crescente em nossos dias.

> Muitas vozes estão chamando nossa atenção para a natureza e o corpo. Atrás da linguagem dura dos

> vícios, doenças, ou poluição da terra, podemos ainda descobrir instruções novas de como viver. Sem a sabedoria da natureza nossa cultura não pode sobreviver. Estamos sendo desafiados a ver o corpo natural não mais como separado de alma e espírito, exatamente como a ciência moderna começou a descobrir que uma imagem em nossa mente pode afetar o corpo e provocar cura (ELDER, 1996: xvi).

E ela continua fazendo menção ao poeta e pintor inglês William Blake:

> Talvez a voz do diabo em William Blake: *Marriage of Heaven and Hell* (Casamento do céu e do inferno) conheça a verdade... sobre o corpo, quando ele diz: "O homem não tem um Corpo distinto de sua Alma; pois isto chamado Corpo é uma porção de Alma distinguida pelos cinco Sentidos, as aberturas principais da Alma nesta existência" (ELDER, 1996: xvi).

Afinal, lembremos Jung, que nos abriu os olhos para a dimensão do potencial criativo escondido em nosso lado de sombra. E relembrando também a experiência decisiva de Beuys com a escultura de Lembruck: Schütze de Flame! (Proteja a chama! / BROCKHAUS, 1997: 81), quero concluir este capítulo com mais algumas linhas poéticas de Sri Aurobindo, evocações da mesma chama.

> Ó raça, compelida pela força, movida pelo destino, nascida da terra,
> Ó aventureiros mesquinhos em um mundo infinito
> E prisioneiros de uma humanidade anã,
> Por quanto tempo percorrerás os rastos circulantes da mente
> Ao redor do teu pequeno self e coisas miseráveis?

> Mas não para pequenezas imutáveis foste planejado,
> Nem para a repetição vã foste construído;
> Foste feito da substância do Imortal;
> Tuas ações podem ser passos rápidos reveladores,
> Tua vida um molde cheio de mudanças para deuses crescentes.
> Um Vidente, um Criador forte, está dentro,
> A Grandeza imaculada se prepara sobre os teus dias,
> Poderes estupendos estão encerrados nas células da Natureza (AUROBINDO, 1972: 370).

9. Vida e movimento

Encontramos na mitologia indiana que o universo originou-se do ritmo dos pés dançantes do deus Shiva. O mundo em que vivemos, a própria vida, e o que somos - interior ou exteriormente - nada mais é que a expressão continuamente evolutiva em dança do mundo interno de um deus. Se atrás de cada processo criativo existe uma imagem original, o que será que moveu Shiva a dançar?

A ideia de que o mundo foi concebido pela dança de um deus é fácil de se aceitar, se considerarmos a conexão íntima que existe entre vida e movimento. A prova mais simples disso é que tudo o que vive se movimenta. Movimento é uma das qualidades essenciais da vida. A evidência mais óbvia disto é que o sinal de morte é a parada completa das funções corporais, que se manifestam e se caracterizam pela ausência de movimento. O *Isha Upanishad*, um dos livros sagrados que constituem a base da cultura indiana, vê a imagem de movimento na própria origem da criação:

> Aquele que não se move é mais rápido do que a mente.
>
> Este os deuses não alcançam, pois ele progride sempre adiante. Isto, parado, ultrapassa os que es-

tão correndo. Neste o Mestre da Vida estabelece as Águas (AUROBINDO, 1986: 2).

Uma das palavras para água em sânscrito é *Apah*. De acordo com os vedas, um dos significados de *Apah* é "aquilo que se move continuamente, mesmo quando parece parado". E um dos simbolismos principais para água é "vida" ou "energia de vida". Já é um conhecimento geral, hoje em dia, que o átomo é composto de partículas de energia em um movimento de interação constante. Consequentemente, tudo o que vemos existe em movimento e através do movimento. Todo o universo parece ser uma interação constante de corpos em movimento. Olhando assim vemos que estamos muito perto do mito de criação mencionado acima.

Em correspondência a isto, cada um de nossos movimentos está necessariamente em uma conexão direta com tudo o que vive. Se observarmos bem, encontraremos em cada um dos movimentos que fazemos um paralelo com alguma lei da natureza. Tomemos por exemplo o movimento de abrir: abrir nossa mão para pegar ou segurar ou receber alguma coisa, ou abrir os nossos olhos quando acordamos, ou abrir nossa boca quando bocejamos. Fazendo isto estamos simplesmente nos conectando com todos os movimentos de abrir da natureza ou da vida. Uma das matérias em meus estudos de dança contemporânea foi "Forma". Em uma destas aulas estávamos explorando movimentos de abrir e de fechar, baseados em formas abertas e fechadas. O professor disse então:

> Imaginem que enquanto vocês fazem o movimento de vocês, vocês estão se conectando instintivamente com tudo no universo que neste exato momento está abrindo e fechando. E isto vai do mais sutil até o mais concreto.

Uma porta escancarou-se para mim naquele momento. Eu entendi uma outra dimensão do movimento. Meu movimento pessoal foi instantaneamente carregado de uma qualidade impessoal, arquetípica. Evidentemente, o simples fato de pensar nisto nos permite uma percepção mais ampla do movimento, aplicando-lhe mais qualidade. Mas, quanto à sua dimensão inconsciente, como Jung deixou bem claro, não basta a compreensão intelectual. É necessário também "entender com o valor do sentimento" (JUNG, 1979, par. 58). É aqui onde a dança oferece a chance para esta experiência. Porque na dança temos o "movimento por causa do movimento" (TERPIS, 1946: 14).

Lisa Ullmann, que desenvolveu um trabalho pedagógico maravilhoso de dança criativa com crianças, escreve:

> Encontramos movimento em cada atividade humana. Por que acreditamos então que exatamente a dança pode contribuir alguma coisa para a preparação para a vida [...] que é a proposição de cada processo educacional? Na dança nos imergimos no processo da ação do movimento por si mesma, que em outras atividades, por exemplo, no esporte ou no trabalho, nossa concentração é dirigida para o resultado prático de nossa ação. [...] Um dos objetivos da dança na educação, e em minha opinião o mais importante, é ajudar o ser humano a encontrar uma relação corporal com o todo da existência (LABAN, 1988: 125).

É aqui que eu vejo o potencial enorme da dança como um caminho de autoexploração e autodesenvolvimento, e, dito mais precisamente, um instrumento apropriado no processo de individuação. Um dos elementos que contribui para a experiência do valor-sentimento em qualquer processo é a imagem produzida pelo inconsciente, que se origina de um núcleo emocional e traz em si um potencial energético. Na dança, pelo fato de nos darmos ao "movimento pelo movimento", a conexão com estas imagens torna-se uma parte imprescindível do processo.

10. Os elementos básicos do movimento

Se falamos de dança, somos forçados a lidar com sua estrutura objetiva, ou podemos dizer, com a anatomia do movimento. Como um movimento se constitui? Um movimento só pode existir se os três elementos – espaço, tempo e energia[2] – estão presentes. Em outras palavras, não se pode conceber um movimento sem um destes três elementos. Eles constituem uma unidade indivisível e podem ser considerados como variáveis interdependentes, no que concerne o movimento. No entanto, tendemos frequentemente no trabalho em dança, ou quando analisamos movimento, a focalizar em um deles separadamente. Cada um tem sua própria estrutura e propriedades bem definidas. Juntos eles constituem o esqueleto da linguagem do movimento ou a gramática do movimento. Podemos dizer que dança, vista no seu aspecto motor ou instrumental, não é nada mais que a interação dinâmica de espaço, tempo e energia. Por isso todo treinamento de dança que pretende ser completo tem que lidar com eles, com suas complementaridades e oposições, seus potenciais e possibilidades. Cada forma ou estilo de dança se baseia nestes princípios básicos, cada um incorporando uma combinação ou variação específica da interação destes elementos.

Rudolf von Laban, o pai da dança moderna europeia, já no início do século passado, em um período de enorme revolução nas artes, começou "a pesquisar o movimento sob um novo ponto de vista e a pôr em prática o conhecimento adquirido" (LABAN, 1988: 11). Ele foi, podemos dizer, "um cientista do movimento". Seus es-

---

2. Usa-se também comumente o termo força com o mesmo significado.

tudos meticulosos e sua análise do movimento deram origem a um sistema pedagógico muito bem estruturado. Ele organizou as diferentes possibilidades de combinação de espaço, tempo e energia em um sistema complexo, que provou ser de amplo uso, tanto para o processo de ensinar e aprender dança – na escola ou no palco – como para a observação científica do movimento, por exemplo, no campo da Psicologia do Trabalho ou da Terapia do Movimento. Ele abriu um caminho amplo e concreto para a compreensão, estudo, desenvolvimento e aplicação do movimento não somente na dança como também na vida do dia a dia, individual e coletiva.

Irmgard Bartenieff foi uma aluna de Laban, que desenvolveu seu trabalho pedagógico e terapêutico nos Estados Unidos, baseado na sua "análise do movimento". No prefácio de seu livro *Movimento do corpo – Integrando-se com o ambiente* ela nos dá uma apresentação maravilhosa e bastante elucidativa do seu trabalho hoje.

> Quando o trabalho e a gramática de Laban se desenvolveram com colegas e alunos, era aplicado primeiramente à criação, apresentação e ensino da dança e educação física. Hoje, no entanto, a Análise de Laban tem aplicações muito mais amplas. Para psiquiatras, psicólogos, antropólogos, etnólogos, sociólogos, e outros profissionais da área, a comunicação não verbal do corpo pode ser incorporada a outros recursos para refinar o lidar com mudanças de distinções e medidas. O terapeuta de dança pode ajudar os pacientes a experienciar mudanças sutis nos movimentos de seus corpos e compreender as implicações psicológicas delas. Artistas usam as técnicas de análise de Laban como um instrumento adicional tanto na observação como na execução de seus trabalhos. Isto é, relacionando

os próprios corpos às qualidades que eles percebem nos modelos e nas imagens, eles podem transmitir estas qualidades através do seu tipo de arte (BARTENIEFF, 1990: viii).

E ela continua, especificando o papel que o trabalho com a dança pode ter em nossas vidas em geral:

> A dança é considerada frequentemente como uma categoria separada de experiências de movimento, de tal forma que ela fica excluída desnecessariamente do treino e experiência das outras disciplinas. A estrutura da análise de Laban não mantém uma separação tão definida. Há diferenças de intenção, escolha e graus de uso corporal, mas os componentes de todos os movimentos do corpo são os mesmos. Desde que a dança oferece combinações dos componentes em intensidades aumentadas, qualquer estudante de movimento corporal, por qualquer razão, pode incorporar as observações das análises de dança (BARTENIEFF, 1990: viii).

Mais tarde ela descreve a maneira de desenvolver este trabalho:

> Laban observou o processo do movimento em todos os aspectos da vida: das artes marciais aos padrões espaciais na maneira sufi de tecer tapetes, trabalhos manuais em fábricas, padrões rítmicos em danças folclóricas, artesanatos e o comportamento de pessoas com distúrbios mentais. Era o próprio processo que compelia sua atenção, não apenas os pontos finais ou objetivos da ação, e ele, com seus colegas, transformou as observações do movimento em um método de experimentação, observação e documentação refinadamente precisos, de modo que as implicações funcionais e expressi-

vas do movimento do corpo tornaram-se cada vez mais aparentes (BARTENIEFF, 1990: ix).

E aqui, na formulação de Lisa Ullmann, uma outra colaboradora de Laban, a formulação das ideias básicas da sua análise do movimento, sobre as quais eu pretendo desenvolver outras reflexões mais adiante neste trabalho:

A estrutura de trabalho da dança requer o domínio de:

• Energia muscular ou força, que é necessária para oferecer resistência à gravidade, incluindo esforço e seu oposto;

• A velocidade de nossas ações no tempo, incluindo aceleração e seu oposto;

• O desdobramento de nossos movimentos em caminhos definidos no espaço, incluindo a variedade de direções e seus opostos;

• As diferentes possibilidades de combinar Força – Tempo – Espaço, e também a fluidez e a continuidade das formas de movimento, incluindo sua fixação e as pausas resultantes (LABAN, 1988: 100).

11. Espaço

No que se refere ao ESPAÇO, Laban desenvolveu o conceito da Cinesfera a partir da cruz tridimensional que define o espaço físico. O ponto central da cruz corresponde, na Cinesfera, ao ponto físico central em nosso corpo, que, segundo Klauss Vianna[3], se localiza aproximadamente quatro dedos abaixo do umbigo. E Laban explica:

---

3. Informação verbal direta em trabalho com ele.

> Onde quer que o corpo se mova ou permaneça, ele é rodeado pelo espaço. Imediatamente ao redor do corpo há a "Cinesfera", uma esfera de movimento, cuja periferia podemos atingir esticando nossos membros, sem mudar nosso ponto de apoio – ou o lugar onde o peso do corpo está apoiado. A parede interna imaginária deste espaço de movimento pode ser tocada por nossas mãos e pés, e todos os pontos são alcançáveis (LABAN, 1988: 100).

Quando a posição no espaço é mudada, o espaço pessoal se movimenta no espaço coletivo. "De fato nunca saímos de nossa Cinesfera, mas a carregamos conosco como um invólucro" (LABAN, 1988: 100). Se nós quisermos alcançar para fora da Cinesfera a partir de seu centro encontraremos, além das direções principais que definem a cruz tridimensional, um grande número de diagonais, que são combinações cada vez mais variadas das três direções básicas: frente-trás, cima-baixo, direito-esquerdo. Baseado no conceito da Cinesfera e seguindo estes diagramas, Laban diferencia os "movimentos centrais", que acontecem perto ou em volta do centro do corpo, dos "movimentos periféricos", que se alongam ou se alargam para dentro do espaço ao redor do corpo.

Há uma dimensão psicológica básica nesta diferenciação: é a relação entre meu próprio espaço e o dos outros, entre o espaço pessoal e o coletivo. E isto não diz respeito apenas ao espaço físico. Há aí sem dúvida uma dimensão psicológica; pois visto mais amplamente isto se relaciona, reflete e expressa a maneira como me movimento na vida, no mundo. É uma tendência natural de uma pessoa introvertida, ou usando uma linguagem menos técnica, de uma pessoa tímida de ocupar pouco espaço, e o oposto se observa em uma pessoa extrovertida, expansiva. Costuma-se dizer, de uma pessoa extrovertida, que "ela é muito espaçosa". A tendência de uma pessoa tímida ao entrar em uma festa, em um lugar que não lhe é familiar, é permanecer nas periferias e buscar pontos de referência ou mesmo apoios físicos (uma coluna, uma mesa, uma parede). Isto fica ainda mais evidente ao entrar em um espaço amplo e quase vazio. Observamos isto nos alunos de dança ao entrarem na sala de aula, sobretudo pela primeira vez. Temos aqui um exemplo claro do significado psicológico da nossa relação com o espaço. O expor-se publicamente é evidenciado nesta reação. O quadro clínico psiquiátrico da "Agorafobia" representa justamente uma exacerbação deste sentimento de insegurança extrema em relação ao espaço aberto. É onde o próprio elemento ESPAÇO, enquanto o VAZIO (em sânscrito: AKHASH,) se torna ameaçador. E é justamente neste aspecto vazio do espaço que se encontra a sua dimensão criadora.

A mesma pessoa da situação citada acima reagiria provavelmente de maneira bastante distinta ou mesmo oposta se estivesse sozinha neste mesmo espaço ou em um ambiente que lhe fosse familiar. Isto é uma expressão direta de como eu me relaciono com os outros, com o coletivo, e provavelmente também com a vida. Várias pessoas, ao me contatarem pela primeira vez à procura de informação sobre o meu trabalho com a dança, dizem que adoram dançar sozinhas em seus quartos, mas que não sabem se seriam capazes de fazer o mesmo junto com outros, em uma aula, por exemplo. E podemos esperar a reação contrária de uma pessoa com o temperamento oposto. Na interpretação de desenhos usados como testes projetivos, a maneira como a pessoa usa o espaço do papel é uma das indicações mais evidentes e facilmente identificável desta dimensão da personalidade. Uma pessoa tímida e que consequentemente tem dificuldade em se projetar na vida tende a fazer figuras pequenas com relação ao tamanho do papel e a posicioná-los nos cantos ou nas beiradas dele. Uma pessoa expansiva tenderia a desenhá-las grandes, ocupando a página toda e mesmo fazê-las maiores do que cabem no papel.

Apresentei aqui dois aspectos opostos na personalidade para tornar o conceito mais palpável. Mas a relação entre o espaço pessoal e o coletivo tem muitas outras dimensões. A principal delas é a relação com o centro. Ela implica uma disposição natural – consciente ou inconsciente – de relacionar-se com o próprio centro. Quanto melhor alguém se relaciona consigo mesmo (e isto implica a conexão com seu centro), tanto mais natural e espontaneamente ele interagirá com o centro do espaço, saberá relacionar sua Cinesfera com o espaço coletivo, e tão mais fácil lhe será mover dentro de um espaço delimitado ou previamente definido.

Uma outra maneira de lidar com o espaço é fixando o centro da cruz tridimensional não no centro do próprio corpo (da Cinesfera), mas no centro do espaço dado. Estamos falando aqui naturalmente de uma definição objetiva do espaço. A combinação destas três dimensões, duas a duas, definirá três superfícies diferentes que Laban chamou de PORTA (eixos cima-baixo/direito-esquerdo), RODA (eixos cima-baixo/frente-atrás) e MESA (eixos frente-atrás/direito-esquerdo). Cada uma destas superfícies dividirá o espaço em duas metades:

1) frente/atrás
2) direito/esquerdo
3) cima/baixo

Esta é uma das estruturas básicas do espaço no palco clássico. Ela é muito útil em trabalhos de grupo, porque define uma estruturação do espaço igualmente válida para todos os que o utilizam. Além disso, esta estruturação toca em motivos arquetípicos.

12. Tempo

No movimento em geral, e na dança em especial, a dimensão TEMPO é considerada sobretudo no seu aspecto mensurável. Vemos o tempo como uma adição, ou combinação ou sequência de medidas definidas de tempo. Vivemos em um "tempo medido". E é exatamente pelo fato de podermos medi-lo e consequentemente estruturá-lo – imprimindo um certo controle consciente em algo que em sua essência é muito maior do que a dimensão consciente pode abarcar – que ele é normalmente visto sob este prisma. Mas o tempo tem também, e antes de tudo, as qualidades de continuidade, fluxo e infinito. Aqui, da mesma forma como com o espaço, nos deparamos com seus aspectos pessoal e coletivo. Quanto mais nos conectamos com a dimensão de continuidade do tempo, tanto mais entramos no tempo pessoal, no nosso próprio ritmo interno. O que é curioso é que tocamos aí também uma dimensão coletiva mais profunda, o próprio princípio de continuidade da vida. O tempo como tal é experienciado como uma unidade em si, sem começo nem fim, no qual a vida e a existência se desdobram. Continuidade é então um aspecto da dimensão infinita do tempo, visto tanto individual como coletivamente. Quando esperamos ansiosamente por alguém que está atrasado para um encontro, percebemos a mesma duração de tempo de uma maneira completamente diferente do que quando estamos calmamente ocupados com uma atividade com a qual nos identificamos. A Dança Butoh, nascida como uma revolução na dança do Japão no século XX, por exemplo, se relaciona fortemente com esta dimensão do tempo.

O tempo medido estabelece uma estrutura para o funcionamento e a interação coletivos. Mas aqui também em sua origem ele espelha leis ou princípios cósmicos de estruturação e organização. Na base de qualquer ritmo está implícita uma pulsação, uma batida básica, como a pulsação de nossos corações, a alternação de dia e noite, a transformação regular das estações, os ciclos da lua, a pulsação das estrelas. Tecidos nisto temos as miríades de padrões rítmicos de eventos naturais, dos mais minúsculos até os não mesuráveis, e nós seres humanos como parte deste concerto percussivo cósmico. Um padrão rítmico em uma peça de dança, assim como em qualquer movimento eventual de nossas mãos enquanto falamos, nada mais é do que um espelhamento ou uma variação de um destes motivos. E as possibilidades de variação são infinitas – provido que o fogo continue a queimar dentro da matéria, como Beuys o experimentou, na obra de Lehmbruck.

Esta conexão íntima entre ritmo e vida é facilmente percebível enquanto ouvimos os tambores da Nigéria. Ela se torna muito mais sutil e refinada na linguagem da tabla indiana. Nas canções rituais dos Monges Tibetanos ela se transforma em um movimento cíclico profundo. Mas eu vi o mesmo impulso em minha própria filha na idade de três ou quatro anos, enquanto sentada no pinico no banheiro de nossa casa. Por aproximadamente meia hora ela estava imersa em canções que criava espontaneamente, inventando e contando estórias através delas, e se acompanhando com uma batida regular, que executava no chão com um pedaço de pau. O ritmo está presente em tudo na vida. Neste exato momento, enquanto escrevo estas linhas, ouço o barulho de uma máquina vindo de fora. Há um pulsar nele, e o ritmo varia de acordo com a velocidade. Vemos ritmo no jeito como estruturamos o nosso dia, na maneira como nossos livros estão colocados nas prateleiras da estante, nos padrões das janelas do prédio do outro lado da rua, no jeito de caminharmos. Observe como você está vestido, observe sua respiração, observe as palavras que você está lendo agora. Ritmo é a pulsação de vida e uma parte indispensável de sua estrutura natural. Portanto, o aspecto mais elementar no trabalho de dança se baseia no ritmo. Começamos por caminhar, por exemplo, e todo o resto pode se desenvolver a partir daí. Precisamos apenas observar e deixar que o movimento siga seu próprio fluxo. Quanto melhor conseguimos nos conectar com nosso próprio pulso, mais fácil será de nos conectarmos com uma estrutura pré-determinada, de uma coreografia, por exemplo.

13. Energia

Mais evidentemente do que com tempo e espaço, ENERGIA é o aspecto do movimento que nos conecta mais diretamente com a vida. O elemento energia no movimento do corpo, como mencionado acima, está relacionado em especial com a resistência à gravidade. Em outras palavras, visto de um ponto de vista mais profundo e mais amplo, ele se relaciona com a motivação de viver. É uma porção da própria energia de vida se manifestando em nós, mobilizando os impulsos físicos, os instintos e os sentimentos. Estamos aqui, portanto, numa relação direta com a dimensão inconsciente de nossa psique.

Um outro aspecto característico da energia no movimento é a respiração. Jose Limon, um dos expoentes da dança moderna americana no século passado, fala em seu livro *An Unfinished Memoir* (Uma memória inacabada) sobre o trabalho com sua professora Doris Humphrey:

> Com sua voz suave, porém autoritária, e sua maneira naturalmente serena, Humphrey nos ensinava tanto teoria como prática. Com uma lucidez espantosa ela nos explicava os princípios nos quais se baseavam seus exercícios técnicos – suspensão de respiração, queda e recuperação, tensão e relaxamento, frase respiratória, ritmo respiratório: sempre a respiração (LIMON, 1999: 17).

Doris Humphrey foi uma das pioneiras da dança moderna americana. Para ela, a dança era uma expressão viva e imediata das dinâmicas entre vida e morte, o processo contínuo de vida, crescimento, morte e renascimento. A respiração é o elemento que permeia todo o processo. Gostaria de me conectar aqui com a gravura de William Blake da "Re-união da alma e do corpo". O ponto de união da alma e do corpo nela é a boca. Em certas culturas antigas (mesmo no cristianismo medieval) encontramos a crença de que, quando alguém morre, a alma deixa o corpo pela boca. Suponho que haja aqui uma conexão com a expressão usada quando alguém morre: "Ele respirou seu último sopro" ou "um último suspiro e morreu". Encontramos em algumas casas antigas de madeira de certas regiões da Suíça uma janela pequena, num dos lados, bem no alto, abaixo da cumeeira. Esta janela só é aberta quando alguém desta casa morre. Sua função é permitir à alma deixar sua morada. Vendo o corpo como nossa morada, podemos considerar esta janela como uma alusão à boca.

Na cultura indiana, a palavra sânscrita para respiração é *prana*. M.P. Pandit nos dá a seguinte definição de prana: "Vida, força vital numa visão geral; especialmente é o primeiro dos cinco pranas" (PANDIT, 1992: 191). Em consequência disto, dos dois processos principais da Hatha Yoga (a yoga do corpo), considera-se o pranayama como o mais avançado. O primeiro processo são as asanas ou posturas fixas do corpo, que visam, sobretudo, o desenvolvimento da concentração, saúde, força e flexibilidade do corpo. O segundo são os pranayamas ou exercícios respiratórios para a purificação e o domínio da energia de vida no corpo. Pandit define pranayama como a "direção regulada e o controle das correntes de energia vital no corpo, através de exercícios de respiração; controle da respiração ou força vital" (PANDIT, 1992: 191). De acordo com B.K.S. Iyengar, "Yoga é uma ciência pragmática sem tempo, desenvolvida durante milhares de anos, que lida com o bem-estar físico, moral, mental e espiritual do homem como um todo". E ele continua: "O primeiro livro a sistematizar esta prática foi o tratado clássico *Os Yoga Sutras* (ou aforismos) de Patanjali datando de 200 a.C." (IYENGAR, 1986: 13). Nele Patanjali coloca pranayama como a quarta das oito "etapas da Yoga para a busca da alma" (IYENGAR, 1986: 21). O processo visado nestas oito etapas corresponde, a meu ver, ao "processo de individuação" descrito por Jung em seus estudos da estrutura psicológica do homem. A última etapa é o samadhi ou o estado de união com o Espírito Supremo que permeia o universo. Iyengar, comentando sobre as três últimas etapas, escreve que eles conduzem o yogue[4] para os recessos mais íntimos de sua alma. O yogue não olha para o céu para encontrar Deus. Ele sabe que Ele está dentro, sendo conhecido como o Antaratma (o Si Interior)... Estas últimas etapas são chamadas antaratma sadhana ou a busca da alma (IYENGAR, 1986: 21).

14. A música como energia motora

Na dança, frequentemente, a modulação de energia ou a inspiração para o movimento é tomada da música. No *Lexikon der Kunst (Dicionário da Arte)* encontramos a seguinte explicação para "dança": "uma das formas mais antigas de expressão da humanidade, na maioria das vezes em conexão com música". Muitos bailarinos modernos, desde os pioneiros do século passado até hoje, criaram obras coreográficas no silêncio. Alguns o fizeram justamente para romper um padrão de dependência da música, pesquisando e afirmando assim a autonomia da dança. Outros o fizeram simplesmente por um impulso criativo, a partir da "música

---

4. A pessoa que pratica a Yoga.

interna" implícita no silêncio ou no corpo de cada um de nós. Temos o exemplo de John Cage e Merce Cunnigham, que em sua obra *Points in Space* (Pontos no espaço) decidiram criar, o primeiro, a música, e, o segundo, a coreografia, sem interagir um com o outro. A música e a dança foram apresentadas juntas pela primeira vez somente no dia da estreia. Tudo era cronometrado.

Tais experimentações, porém, não diminuem e nem invalidam a relação íntima que existe entre o som e o movimento. Muitas das canções folclóricas que encontramos nas mais diversas culturas originaram-se de atividades grupais ou coletivas como o plantio ou a colheita, rituais de passagem, nascimento ou morte. Um movimento repetitivo ou rítmico nos motiva a cantar, assim como uma canção nos instiga a movimentar o corpo.

Meu trabalho de improvisação na dança se baseia primordialmente nesta conexão íntima. No entanto, a música não tem aqui meramente a função de um acompanhante ou de um condicionador do movimento. Meu interesse se encontra antes de tudo na sua qualidade de energia. Eu trabalho com músicas de estilos, culturas e épocas as mais diversas possíveis. Isto oferece uma grande variação de estímulos para o movimento. Mas não se trata apenas de propor uma variedade de estímulos. O som – e a música em especial – tem um poder incrível de nos transportar instantaneamente para regiões internas, evocando tanto memórias pessoais como impessoais ou coletivas. Na linguagem da psicologia analítica podemos dizer que ele mobiliza tanto o inconsciente pessoal como o coletivo, com sua estrutura arquetípica. Ele evoca imagens, sentimentos, emoções, sensações físicas, ou simplesmente estimula o instinto de movimento em nós. Por isso o desenvolvimento da habilidade de ouvir é de tamanha importância neste processo.

A imagem de "limpar tubos" me ocorre frequentemente em minhas aulas de dança como um motivo pedagógico. Qualquer treinamento de dança, a meu ver, cumpre esta função, segue, mesmo que não intencionalmente, esta imagem. Trabalhamos na conscientização, no desenvolvimento ou aprimoramento de diferentes tipos de conexão (tubos): de mim com o meu corpo, com o espaço em que me encontro neste dado momento, com o ambiente humano em que estou inserido, a conexão entre as diferentes partes do meu ser, pensamentos, emoções, sentimentos, intuição, o corpo, a alma, entre aspectos conscientes e inconscientes de nossa psique. A faculdade do ouvir é um destes canais, que por sinal se encontra comumente bastante danificado na atualidade. Peter Michael Hamel escreve em seu livro *Durch die Musik zum Selbst* (A busca de si mesmo pela música):

> Estamos rodeados de música; dirigindo, fazendo compras, comendo, celebrando algo, conversando, ao acordar, ao dormir, tomando o café da manhã, fazendo amor, etc. Ouvimos música quase nunca! Mas ela toca... toca-se sempre música, mas não a percebemos mais. Nossos ouvidos estão danificados, os barulhos tornaram o nosso ouvir insensível e impreciso (HAMEL, 1980: 15ss.).

O primeiro passo então é de nos reconectarmos com a capacidade de ouvir, de abrir-nos totalmente à música. E para citar Hamel novamente:

> Ouvimos música profusamente, mas, quando o fazemos, ouvimos em categorias. Nossa experiência de ouvir está condicionada. Os sons são percebidos fora dos ouvidos, registrados como imagens superficiais ou identificados com conteúdos de sentimentos e estados de humor pré-formados ou pré-fabricados conforme a educação recebida. Conhecemos muito bem o tipo de clichê de identificação

ou o nosso estilo de música favorito... (HAMEL, 1980: 16).

O segundo passo é ouvir sem preconceitos, ideias ou expectativas preestabelecidas. A realização deste passo prova ser muito mais difícil do que é de se esperar. Rolf Gelewski, com quem aprendi a arte da improvisação na dança, nos propunha a seguinte orientação, que publicou mais tarde em seu livro *Estruturas sonoras 1*:

> Se você quer escutar música, você deve criar um silêncio absoluto em sua cabeça, não seguindo ou aceitando pensamento algum, e ser inteiramente concentrado, como uma espécie de tela que recebe, sem movimento ou barulho, a vibração da música. Esta é a única maneira, não há outra, a única maneira de ouvir música e de entendê-la (GELEWSKI, 1973: 11).

Este controle completo de si e a maestria sobre os pensamentos é sem dúvida uma tarefa muito difícil. Mas a imagem da tela me impressionou profundamente. Quanto mais calmos estivermos ao ouvir uma música, mais claramente sua energia e sua essência serão percebidas por nós, e tanto mais fácil será deixá-las fluir para dentro de uma movimentação espontânea.

À medida que formos capazes de desenvolver – ou reestabelecer – esta capacidade integral de ouvir, nos veremos confrontados com uma nova experiência da música. Seu impacto sobre nós mudará correspondentemente. Estaremos muito mais vulneráveis à energia intrínseca a cada peça musical, independentemente de sua procedência cultural, período de composição, ou se pertence a um repertório erudito, popular ou folclórico, se vem do Oriente ou do Ocidente, etc. Certos aspectos até então não percebidos tornam-se proeminentes; a qualidade do som e a estrutura da música serão percebidas com mais clareza, abrindo-nos para possibilidades e associações até então não reveladas para nós. A relação entre música e vida, e consequentemente entre música e movimento, sua afinidade e intima correspondência uma com a outra - que será sem dúvida diferente em cada pessoa - poderá ser experienciada. Em seu livro *Der toenende Mensch* (A pessoa sonora) Aleks Pontvik descreve o impacto que tal ouvir pode exercer sobre nós:

> A predisposição na psique para o fenômeno do som contém, por assim dizer, latente em si a tendência a projetar a pessoa que ouve para dentro de uma dimensão própria do som, a elevá-la acima de seu nível diário de consciência e a trazê-la mais perto do nível do som. O que acontece é provavelmente - no caso de tal estado poder ser atingido por uma maneira específica de ouvir - uma "retirada" da pessoa "para fora de si mesma", no sentido de um "movimento em uma direção que não é contida nas três dimensões do espaço convencional"; a pessoa se tornará consciente do tempo como espaço. Ela experimenta este "tornar-se consciente", no entanto mais na música com a qual ela se identifica do que em si mesma (PONTVIK, 1962: 47ss.).

A descrição de Pontvik se aproxima muito da maneira como eu abordo a música no meu trabalho de improvisação na dança. A música como uma forma de energia nos projeta no tempo como uma quarta dimensão do espaço. O espaço é simultaneamente incluído na experiência de imersão na música como uma dimensão do tempo. O resultado disto é naturalmente o movimento. A pessoa que dança em correspondência a esta energia modifica e forma o espaço como uma sequência temporal e processual, e atribui ao tempo através de seus movimentos uma dimensão espacial.

Torna-se evidente então o que foi dito acima, que espaço, tempo e energia são os componentes essenciais de cada movimento existente ou percebido.

O uso de música como força movedora, ou aspecto motivador do movimento, obviamente coloca uma exigência na qualidade da escolha musical. A variedade mencionada anteriormente sugere ou permite uma ampla variedade de estímulos conscientes e inconscientes. Na escolha do material musical, minha experiência comprovou que alcançamos melhores resultados seguindo nossa própria intuição do que agindo com ideias pré-concebidas. A inclusão de sugestões espontâneas – como um aluno que traz inesperadamente um CD como sugestão para a aula, ou uma peça musical que você ouviu em um concerto na noite anterior e que muito o marcou – deveria sempre ser considerada como um material potencial para o processo em andamento. Uma vez focalizados em um trabalho criativo, tocamos um fluxo energético inconsciente que se torna ativado, e que consteia reações à dimensão consciente do processo. É o mesmo fenômeno que encontramos como base da formação dos sonhos. A diferença aqui é que há um foco, como um sulco, no lado consciente, que canaliza e filtra os sinais vindos do inconsciente. Visto assim, este processo se aproxima bastante, e pode até mesmo ser tratado como um tipo de imaginação ativa[5]. Resumindo, eu vejo a relação entre a música e o movimento como uma expressão viva da conexão entre alma e corpo.

Bibliografia

AUROBINDO, S. (1986). *Isha Upanishad*. 7. ed. Pondicherry, Índia: Sri Aurobindo Ashram.

---

5. A Imaginação Ativa é um método criado por Carl Gustav Jung para lidar com as imagens do inconsciente. Ver bibliografia: Chodorow, 1997.

_____ (1972). *Savitri*. Pondicherry, Índia: Sri Aurobindo Ashram [Collected Works, vol. 28].

BARTENIEFF, I. (1990). *Body Movement*: Coping with the Environment. Nova York: Gordon and Breach Science Publishers.

BLAKE, W. (1927). *Illustrations of The Book of Job*. Londres/Glasgow: Gowans & Gray.

BROCKHAUS, C. (1997). *Wilhelm Lehmbruck Preis Duisburg 1966-1996*. Ostfildern-Ruit: Cantz Verlag.

CHODOROW, J. (1997). *Jung on Active Imagination*. Princeton: Princeton University Press.

CUNNINGHAM, M. (1997). *Fifty Years*. Nova York: Aperture Foundation.

ELDER, G.R. (1996). *The Body* – An Encyclopedia of Archetypal Symbolism. Boston/Londres: Shambala.

GELEWSKI, R. (1973a). *Estruturas sonoras 1*. Salvador: Nós.

_____ (1973b). *Ver, ouvir, movimentar-se*. Salvador: Nós.

GOVINDA, L.A. (1966). *Grundlagen Tibetischer Mystik*. Zurique: Rascher Verlag.

JUNG, C.G. (1988). *Aion*. Petrópolis: Vozes [Obras completas, vol. IX-2].

_____ (1985). *Memórias, sonhos e reflexões*. Rio de Janeiro: Nova Fronteira.

GUPTA, N.K. (1972). *The Yoga of Sri Aurobindo*. Pondicherry, Índia: Sri Aurobindo International Centre of Education [Collected Works, vol. 3].

HAMEL, P.M. (1980). *Durch die Musik zum Selbst*. Kassel, DTV: Baerenreiter Verlag.

HIGHWATER, J. (1992). *Dance*: Rituals of Experience. 3. ed. Pennington, NJ: Princeton Book Company Publishers.

IYENGAR, B.K.S. (1986). *Light on Yoga*. Londres: Unwin Paperbacks.

KALFF, D. (1966). *Sandspiel*. Zurique: Rascher Verlag.

LABAN, R. (1988). *Der Moderne Ausdruckstanz*. Wilhelmshaven: Florian Noetzel Verlag.

LIMON, J. (1999). *An Unfinished Memoir*. Nova England: Welleyan University Press.

PANDIT, M.P. (1992). *Dictionary of Sri Aurobindo's Yoga*. Twin Lakes: Lótus Light.

PEREIRA, P.J.B. (2002). *Reconnecting Body and Soul* – Reflections on the Dynamics of Image and Movement. Zurique: C.G. Jung Institut-Zurich [Tese de diploma].

_____ (1985). *Zur Psychologie des Tanzes*. Munique: Universidade de Zurique [Tese de diploma de Psicologia].

PONTVIK, A. (1962). *Der Toenende Mensch*. Zurique: Rascher Verlag.

RIEDEL, I. (1988). *Bilder* – In Therapie, Kunst und Religion. Stuttgart: Kreuz.

SATPREM (1976). *Mère ou la mutation de la mort*. Madras: Macmillan India Press.

St. DENIS, R. (1997). *Wisdom Comes Dancing*. Seatle, WA: [s.e.].

TERPIS, M. (1946). *Tanz und Tänzer*. Zurique: Atlantis.

REFLEXÕES JUNGUIANAS

Assessoria: Dr. Walter Boechat

Veja todos os livros da coleção em

livrariavozes.com.br/colecoes/reflexoes-junguianas

ou pelo Qr Code

Conecte-se conosco:

- **f** facebook.com/editoravozes
- 📷 @editoravozes
- 𝕏 @editora_vozes
- ▶ youtube.com/editoravozes
- 📞 +55 24 2233-9033

www.vozes.com.br

Conheça nossas lojas:

www.livrariavozes.com.br

Belo Horizonte – Brasília – Campinas – Cuiabá – Curitiba
Fortaleza – Juiz de Fora – Petrópolis – Recife – São Paulo

EDITORA VOZES | **VOZES NOBILIS** | *Vozes de Bolso* | **Vozes Acadêmica**

EDITORA VOZES LTDA.
Rua Frei Luís, 100 – Centro – Cep 25689-900 – Petrópolis, RJ
Tel.: (24) 2233-9000 – E-mail: vendas@vozes.com.br